名师名校名校长

凝聚名师共识
回应名师关怀
打造名师品牌
培育名师群体
　　　　张明远题

行跨学科融合教学 育学生综合能力

——综合实践活动项目教学的探索与实践

万录品 ● 主编

中国出版集团 现代出版社

图书在版编目（CIP）数据

行跨学科融合教学　育学生综合能力：综合实践活
动项目教学的探索与实践 / 万录品主编. —北京：现
代出版社，2023.6

ISBN 978-7-5231-0333-3

Ⅰ.①行… Ⅱ.①万… Ⅲ.①中学—教学研究 Ⅳ.
①G632.0

中国国家版本馆CIP数据核字（2023）第097064号

行跨学科融合教学　育学生综合能力：综合实践活动项目教学的探索与实践

主　　编　万录品
责任编辑　吴永静
出版发行　现代出版社
地　　址　北京市安定门外安华里504号
邮政编码　100011
电　　话　010-64267325　64245264
网　　址　www.1980xd.com
印　　制　北京政采印刷服务有限公司
开　　本　710mm×1000mm　1/16
印　　张　10.25
字　　数　164千字
版　　次　2023年6月第1版　2023年6月第1次印刷
书　　号　ISBN 978-7-5231-0333-3
定　　价　58.00元

目 录

CONTENTS

第一章

① 为什么要开展
综合实践活动项目教学

第一节　综合实践活动项目教学

一、认识项目教学

（一）项目

项目原本是管理学领域中的一个概念，是指在一定的约束条件下（主要是限定时间、限定资源），具有明确目标的一次性任务。项目可以理解为一件事情、一项独一无二的任务或者活动，也可以理解为在一定的时间和一定的预算内所要达到的预期目的。项目侧重于过程，它是一个动态的概念，如我们可以把一条高速公路的建设过程称为项目，但不可以把高速公路本身称为项目。我们安排一个演出活动，策划一场婚礼，主持一次会议，开发、设计和制作一种新产品，对设备进行现代化改造等，这些日常生活中的事情都可以称为项目。对于在校学生，进行一次专项实验探究、设计制作一个作品、开展一项社会调查活动、组织一次社会实践活动等，也可以称为学习的项目。项目的含义有三种：第一，项目是一项有待完成的任务，有特定的环境与要求。第二，在一定的组织结构内，利用有限资源（人力、物力、财力），在规定的时间内完成任务。第三，任务满足一定性能、质量、数量和技术指标要求。

（二）项目教学

项目教学有两方面内容：从教学的角度为教师的项目式教学和从学习的角度为学生的项目式学习，因此，项目教学有多种说法，如"项目式教学""项目式学习""专题学习""基于项目的学习""基于课题的学习"等。项目教学的特点是以项目为主线、教师为引导、学生为主体，即在老师的指导下，将一个相对独立的项目交由学生自己完成，如选定项目、制订方案、实施项目、成果交流、活动评价等，都由学生自己负责。项目教学是一种建构主义理念下以学生为中心的教学，可以认为项目教学是一种教学模式，也可以认为项目教学是一种学习模式，因此，对所有学科都可以实施项目教学。

在项目教学中，学生选定项目的关键是如何将发现的问题转化为值得去研究的课题；在项目实施之前要进行方案设计，要有活动计划、设计图纸、活动预案等；在项目实施过程中要体现探究学习和综合实践活动，体现问题导向和任务驱动，在评价阶段要体现多元评价，注重的不是最终的结果，而是完成项目的过程。项目教学要求学习过程是一个人人参与的创造实践活动，学生在项目实践过程中，可以理解和把握课程要求的知识和技能，体验创新的艰辛与乐趣，培养分析问题和解决问题的思想和方法。

项目式学习就是组织学生真实地参加项目设计、履行和管理的全过程，是在项目实施过程中完成学习任务，通过亲身体验、深刻理解来培养社会责任感、实践能力、创新精神的一种学习方式。项目式学习强调始终以一个完整的项目为导向，让学生在参与此项目的过程中，在真实世界中借助多种资源开展探究活动，在一定时间内解决一系列相互关联的问题。学生为项目负责，项目大小视具体情境而定。

二、综合实践活动项目教学

（一）在综合实践活动课程中开展项目教学的依据

综合实践活动是国家的必修课程，在国家层面，各级政府对于在综合实践活动课程中开展项目教学给出了明确指示，中共中央、国务院印发《关于深化教育教学改革　全面提高义务教育质量的意见》指出："探索基于学科的课程综合化教学，开展研究型、项目化、合作式学习……"国务院办公厅《关于新时代推进普通高中育人方式改革的指导意见》提出："注重加强课题研究、项目设计、研究性学习等跨学科综合性教学……"可见，党和政府都特别重视和倡导项目式学习。

2022年教育部最新颁布《中小学综合实践活动课程指导纲要》，明确"综合实践活动是从学生的真实生活和发展需要出发，从生活情境中发现问题，转化为活动主题，通过探究、制作、服务、体验等方式，培养学生综合素质的跨学科实践性课程"。可见，学生发现生活中的真实问题、通过自主合作探究与实践解决问题的过程，同项目式学习所强调的基于真实问题、提出解决方案等关键特征有异曲同工之妙，高度契合了项目式学习的根本要求。

项目式学习与传统式学习方法相比，能有效提高学生实际思考和解决问题的能力，在北欧、北美等许多国家的学校被广泛采用。2001年，我国将综合实践活动作为必修课程纳入中小学课程计划，明确提出研究性学习包括课题研究、项目设计（项目式学习）两种类型。但此后十几年，我国中小学校在开展综合实践活动（研究性学习）当中课题研究做得比较多，项目式学习做得比较少。近几年，创客教育、STEM教育在我国日渐火爆，各学科也开始倡导项目式学习，越来越多的学校和教师认识到，与"认识和解决某一问题为主要目的"的课题研究相比，项目式学习更偏重于操作和实践活动，要求学生在综合应用各科知识和技能的基础上，进行问题解决的实际操作。综合实践活动课程的课题或项目都是长周期的开放性作业，更适合采用项目式学习方法。

（二）实施综合实践活动项目教学要注意的问题

1. 不能是教师课堂上讲项目，而是学生亲身实践

很多教师在学科实验课上讲实验过程、分析实验数据、总结实验结果等，而学生不用做实验，也可以拿到实验考试题的分数，项目式学习如果没有学生亲身的探究实践，就无法找到路子，更无法解决问题。学生只有应用所学的多学科知识和技能，通过小组合作实际的探索，才可能找到解决问题的办法。

2. 避免放羊式的无效探究，要发挥教师的引导作用

教师不能代替学生实践活动，并不是完全放手不管，更不能为了探究而探究，徒有形式，没有育人效果。为此，项目教学教师不是课堂旁观者，而是总指挥，这样才能保证项目教学的安全和有序，才能达成育人目标。

3. 对项目式学习的评价不要只看结果，而要重过程

综合实践活动课程的教学和其他学科有很大不同，我们没有预设性结论，学生必须经过探究实践慢慢生成结论，没有统一的标准答案，可能每个小组的结论都不一样，学生在做中学，在实践中感悟，在反思中成长。综合实践活动课程中项目式学习的评价要点依据价值体认、责任担当、问题解决、创意物化四个维度，首先要明确学习目标，通过项目式学习培养学生哪些关键能力与必备品格，再根据目标设计对应的评价指标与评价标准。项目不同，教师不同，教学目标、评价指标与评价标准也会不同。

4. 综合实践活动项目式学习的不足

有些学校的综合实践活动项目式学习过程不规范、不完整，如项目设计不考虑利用有限资源和规定时间，项目履行形式化、表面化，项目管理缺失；在提出问题、思考、计划、执行、检验、反思评价等关键环节教师指导缺位或缺失，学生探究、体验理解深度不够；等等。

（三）综合实践活动项目教学评价的要点

教育部《中小学综合实践活动课程指导纲要》指出，对综合实践活动课程评价，要以促进学生综合素养持续发展为目的实施评价，要坚持评价的方向性、指导性、客观性、公正性等原则，具体实施要突出发展导向，做好写实记录、建立档案袋、开展科学评价等。项目式学习是综合实践活动的一种模式，依据《中小学综合实践活动课程指导纲要》的要求，对于项目式学习的评价，我们要注意以下几个要点。

1. 项目实施之前，要评估项目的育人价值和可行性

项目式学习是学生发现生活中的实际问题，然后应用所学知识，去实践探究，并最终解决问题的过程，所以项目式学习开始之前，首先要看所要开展的项目有没有育人的价值，研究的问题是不是科学问题；其次要评估所选项目是否符合学生的认识和能力水平，学校是否具备项目实施的条件，从而评价项目是否具有可行性。

2. 项目实施期间，要重视评价项目式学习的过程

项目式学习包括提出问题、思考、计划、执行、检验、反思评价等关键环节，可见在项目实施过程中要做好写实记录，同时，项目式学习实施期间要给每个学生建立成长档案袋，全面记录每个学生参与项目式学习的具体表现、反思感悟等，写实记录和档案袋重点关注学生真实参与的情况，关注学生在项目式学习实施过程中的收获，关注学生通过亲身体验、深刻理解来培养自身的社会责任感、实践能力、创新精神等。重视过程评价是我们评价项目式学习的主要内容。

3. 项目完成之后，要采取多元评价

多元评价是指评价的目标多维度、评价的方式多种多样。综合实践活动项目式学习的评价目标要依据价值体认、责任担当、问题解决、创意物化四个维度去评价，评价的方式可以通过学生的自评、小组互评、教师综合评价等，既重视结果的评价，更重视过程的评价。项目式学习的评价要突出立德树人和发展导向，通过项目式学习培养学生的关键能力与必备品格，体现实践育人、综合育人等。

第二节 综合实践活动项目教学的分类

一、综合实践活动的主要方式

2022年教育部最新颁布《中小学综合实践活动课程指导纲要》，对综合实践活动开展的方式主要有如下规定。

（一）考察探究

考察探究指学生基于自身兴趣，在教师的指导下，从自然、社会和自身生活中选择和确定研究主题，开展研究性学习，在观察、记录和思考中，主动获取知识，分析并解决问题的过程，如野外考察、社会调查、研学旅行等，它注重运用实地观察、访谈、实验等方法获取材料，从而形成理性思维、批判质疑和勇于探究的精神。

（二）设计制作

设计制作指学生运用各种工具、工艺（包括信息技术）进行设计，并动手操作，将自己的创意、方案付诸现实，转化为物品或作品的过程，如动漫制作、编程、陶艺创作等。设计制作注重提高学生的技术意识、工程思维、动手操作能力等，鼓励学生手脑并用，灵活掌握、融会贯通各类知识和技巧等。

（三）社会服务

社会服务指学生在教师的指导下，走出教室，参与社会活动，以自己的劳动满足社会组织或他人的需要，如公益活动、志愿服务、勤工俭学等，它强调学生在满足被服务者需要的过程中，获得自身发展，促进相关知识技能的学习，提升实践能力，成为履职尽责、敢于担当的人。

（四）职业体验

职业体验指学生在实际工作岗位上或模拟情境中的见习、实习，体认职业角色的过程，如军训、学工、学农等，它注重让学生获得对职业生活的真切理解，发现自己的专长，培养职业兴趣，形成正确的劳动观念和人生志向，提升自身生涯规划能力。

二、综合实践活动项目教学的分类

依据《中小学综合实践活动课程指导纲要》的规定，综合实践活动可以实施的模式有考察探究、设计制作、社会服务、职业体验等，对应给出152项参考主题活动，见表1-2-1。

2022年4月，教育部印发《义务教育课程方案和课程标准（2022年版）》，将信息技术和劳动技术从综合实践活动课程中单列出来，成为新的学科：信息科技和劳动课，因此，综合实践活动课程中关于信息技术的主题活动不再适合开展教学了，可以完全去除；综合实践活动的社会服务和职业体验主题，以及设计制作部分主题和劳动课程的内容有交叉重叠，需要进行相应调整，可以与劳动课进行跨学科整合教学。为适应新课程标准和课程方案，综合实践活动课程开展主题项目教学是必然的，它充分体现了跨学科的综合实践活动。

为此，实施综合实践活动项目教学可以从三个方向去考虑，即综合实践活动考察探究类项目教学、综合实践活动设计制作类项目教学、综合实践活动劳动教育类项目教学。

（一）综合实践活动考察探究类项目教学

综合实践活动考察探究类项目教学适合在考察探究的主题活动中开展，所选主题项目可以是社会调查项目、研学旅行项目、科学探究项目等，选题模式可以采取学校或者班级根据教学安排统一给定活动主题，也可以让学生选择自己感兴趣的课题去研究，选题工作根据学校和学生的实际情况灵活处理。考察探究类项目教学实施过程就是典型的综合实践活动研究性学习过程，都要经历明确选题、设计活动方案、实施项目、得出结论、成果交流评

表1-2-1

学段＼活动方式	考察探究活动	设计制作活动		社会服务活动	职业体验及其他活动	数量
		信息技术	劳动技术			
一至二年级	1.神奇的影子 2.寻找生活中的标志 3.学习习惯调查 4.我与蔬菜交朋友		1.我有一双小巧手——纸艺、陶艺 2.我有一双小巧手——制作不倒翁、降落伞、陀螺等	1.生活自理我能行 2.争当集体劳动小能手	1.队前准备 2.入队仪式 3.少代会 4.红领巾心向党	12
三至六年级	1.节约调查与行动 2.跟着节气去探究 3.我也能发明 4.关爱身边的动植物 5.生活垃圾的研究 6.我们的传统节日 7.我是"非遗"小传人 8.生活中的小窍门 9.零食（或饮料）与健康 10.我看家乡新变化 11.我是校园小主人 12.合理安排课余生活 13.家乡特产的调查与推荐 14.在学校和社会中遵守规则情况调查	1.我是信息社会的"原住民" 2."打字小能手"挑战 3.我是电脑小画家 4.网络信息辨真伪 5.电脑文件的有效管理 6.演示文稿展成果 7.信息交流与安全 8.我的电子报刊 9.镜头下的美丽世界 10.数字声音与生活 11.三维趣味设计 12.趣味编程入门 13.程序世界中的多彩花园 14.简易互动媒体作品设计	1.学做简单的家常餐 2.巧手工艺坊 3.魅力陶艺世界 4.创意木艺坊 5.安全使用与维护家用电器 6.奇妙的绳结 7.生活中的工具 8.设计制作建筑模型 9.创意设计与制作（玩具、小车、书包、垃圾箱等）	1.家务劳动我能行 2.我是校园志愿者 3.学习身边的小雷锋 4.红领巾爱心义卖行动 5.社区公益服务我参与 6.我做环保宣传员 7.我是尊老敬老好少年	1.今天我当家 2.校园文化活动我参与 3.走进博物馆、纪念馆、名人故居、农业基地 4.我是小小养殖员 5.创建我们自己的"银行"（如阅读、道德、环保） 6.找个岗位去体验 7.走进爱国主义教育基地、国防教育场所 8.过我们10岁的生日 9.红领巾相约中国梦 10.来之不易的粮食 11.走进立法、司法机关	58

续表

学段 / 活动方式	考察探究活动	设计制作活动		社会服务活动	职业体验及其他活动	数量
		信息技术	劳动技术			
三至六年级	15.带着问题去春游（秋游）		15.手工制作与数字加工		12.我喜爱的植物栽培技术	
七至九年级	1.身边环境污染问题研究 2.秸秆和落叶的有效处理 3.家乡生物资源调查及多样性保护 4.社区（村镇）安全问题及防范 5.家乡的传统文化研究 6.当地老年人生活状况调查 7.种植、养殖什么收益高 8.中学生体质健康状况调查 9.中学生使用电子设备的现状调查 10.寻访家乡能人（名人） 11.带着课题去旅行	1.组装我的计算机 2.组建家庭局域网 3.数据的分析与处理 4.我是平面设计师 5.二维三维的任意变换 6.制作我的动画片 7.走进程序世界 8.用计算机做科学实验 9.体验物联网 10.开源机器人初体验	1.探究营养与烹饪 2.多彩布艺世界 3.我是服装设计师——服装设计与制作 4.创作神奇的金属材料作品 5.设计制作个性化电子作品 6.智能大脑——走进单片机的世界 7.模型类项目的设计与制作 8.摄影技术与电子相册制作 9.3D设计与打印技术的初步应用 10.现代简单金木电工具和设备的认识与使用 11.基于激光切割与雕刻的创意设计 12.立体纸艺的设计与制作 13."创客"空间 14.生活中的仿生设计 15.生活中工具的变化与创新	1.走进敬老院、福利院 2.我为社区做贡献 3.做个养绿、护绿小能手 4.农事季节我帮忙 5.参与禁毒宣传活动 6.交通秩序我维护	1.举行大队建队仪式 2.策划校园文化活动 3.举办我们的3·15晚会 4.民族节日联欢会 5.中西方餐饮文化对比 6.少年团校 7.举行建团仪式（14岁生日） 8.职业调查与体验 9.毕业年级感恩活动 10.制定我们的班规、班约 11.军事技能演练 12."信息社会责任"大辩论 13.走近现代农业技术	55

续 表

学段\活动方式	考察探究活动	设计制作活动		社会服务活动	职业体验及其他活动	数量
		信息技术	劳动技术			
高一至高三	1.清洁能源发展现状调查及推广 2.家乡生态环境考察及生态旅游设计 3.食品安全状况调查 4.家乡交通问题研究 5.关注知识产权保护 6.农业机械的发展变化与改进 7.家乡土地污染状况及防治 8.高中生考试焦虑问题研究 9.社区管理问题调查及改进 10.中学生网络交友的利与弊 11.研学旅行方案设计与实施 12.考察当地公共设施			1.赛会服务与我参与 2.扶助身边的弱势群体 3.做个环保志愿者 4.做农业科技宣传员 5.参与公共文化服务 6.做普法志愿者	1.制定自然灾害应急预案及演练 2.关注中国领土争端 3.高中生生涯规划 4.走进社会实践基地 5.走进军营 6.创办学生公司 7.18岁成人仪式 8.业余党校 9.我的毕业典礼我设计	27
合计	42	25	26	21	38	

价等，综合实践活动考察探究类项目教学主要在于培养学生发现并提出问题，提出假设、选择方法，获取证据，提出解释或观念，交流、评价探究成果，反思和改进等社会科学能力，养成问题解决、价值体认和责任担当等核心素养。

（二）综合实践活动设计制作类项目教学

综合实践活动科技类项目教学适合在设计制作的主题活动中开展，所选主题项目必须具有一定的科技含量，体现设计和制作过程等。综合实践活动科技类项目教学可开设的科技项目非常广泛，学校所开设的科技项目能否成功，一般要满足三个条件：一是学生喜欢，即所开科技项目必须是大多数学生喜欢的科技项目；二是学校能开得了，即学校有足够的场地、设备和经费保障；三要教师能教得了，即任课教师熟悉精通这个科技项目，能够胜任所开设科技项目的教学指导。只有满足这三个条件的科技类项目，才能实现教学的常态化和可持续发展。

综合实践活动设计制作类项目教学一般可以进行设计与制作某个具体作品，可以通过如科技创新项目教学、发明创造活动教学、创客教育、STEM教育等形式开展，体现跨学科的综合应用教学，重在锻炼学生的工程思维和科技创新意识，培养学生的创意物化动手能力和问题解决能力。综合实践活动科技类项目教学可以为国家培养更多的科技人才。

（三）综合实践活动劳动教育类项目教学

为加快构建德智体美劳全面培养的教育体系，2020年7月，中共中央、国务院《关于全面加强新时代大中小学劳动教育的意见》，教育部印发《大中小学劳动教育指导纲要（试行）》，要求所有大中小学校开展劳动教育，2022年4月，教育部印发《义务教育课程方案和课程标准（2022年版）》，正式将劳动课从综合实践活动课程中单列，确立了劳动教育必修课的课程标准。

结合《义务教育劳动课程标准（2022年版）》和《中小学综合实践活动课程指导纲要》，综合实践活动的设计制作可以对接生产性劳动内容；综合实践活动的社会服务可以对接服务性劳动内容；综合实践活动的职业体验可以对接生活性劳动内容。以项目教学的模式实施劳动主题活动，通过实施劳动教育类的项目教学，既完成了综合实践活动教学，又实施了劳动教育，这样就实现了综合实践活动和劳动教育的整合，一举多得。未来，随着劳动教育的普及，在综合实践活动中实施劳动类项目教学是发展的必然趋势，劳动教育是让综合实践活动项目教学落地生根的沃土和良机。

第二章

② 如何实施

综合实践活动项目教学

第一节　综合实践活动项目教学的一般过程

研究性学习是一种学习方式，所有学科都适用，只是综合实践活动更适合以研究性学习的方式去开展，因此，综合实践活动项目教学过程就是研究性学习的过程，综合实践活动的研究性学习步骤一般分为：确定项目（即选题）、制订计划、项目实施、总结整理、交流评价。

一、项目的选定

所谓研究性学习，就是学生在教师的指导下，从自然、社会和生活中选择和确定专题进行研究，并在研究的过程中主动地获取知识、应用知识、解决问题，是在类似科学研究的情景和途径下进行的一种学习形式。在此情景下，学生通过主动探索和体验，学会收集信息，分析和判断信息，提高解决问题的能力，从而增进自身的思考力和创造力。研究性学习相当于一次小型的科学研究，在研究性的学习中，科学发现往往是从问题或矛盾开始的，从观察到若干个别的事实，然后归纳出一般的原理，发现矛盾、捕捉问题是科学研究的起点。这就要求学生在研究性学习中，先要学会如何提出问题，提出高质量的问题。

（一）选题的方法

课题选择的渠道有很多，我们可以从学科学习中、日常生活中、社会实践活动中、专题报告等发现和选择研究课题。比如，学生创新思维活跃时，可以引导他们广泛开展发明创造活动；当学校所在地区的自然、社会、人文等条件比较特殊时，可以积极引导学生开展形式多样的调查活动；当有学生电脑基础和经济条件比较好时，可以引导他们从事创意机器人、头脑奥林匹克等活动。

选题应当具体、实在、小而精、切忌空泛浮华，要经过一个从产生研究动机到选定研究方向，问题从朦胧到逐渐清晰、集中，从有初步的研究构想，到明确研究思路，课题选择是一个循环反复的过程，如图2-1-1所示。

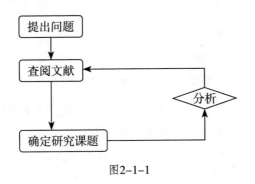

图2-1-1

（二）选题的原则

学生在日常生活中可以发现很多问题，但如何将发现的问题转化为研究的课题，这是选题的重点，判断所选课题或者项目是否具有研究价值，可以从以下几个方面考虑。

1. 要考虑课题或项目是否具有科学性

课题或项目不能是一些迷信或者伪科学的东西，如曾经有学生特别想研究"人的手相和将来升学和就业等命运的相关性研究"，这显然是迷信问题，因为至今都没有科学数据证明人的手相可以决定人的命运，也没有充分的事实证明人的命运和手相有关，如果人的手相可以决定未来命运，是不是只要通过整形手术，把手相中各纹路修整到十分完美，从此就可以获得成功和完美人生了，这显然就像有人发明永动机失败一样，是不劳而获和不切实际的妄想。因此，没有科学性的问题不值得研究。

2. 要考虑课题或项目是否具有可行性

课题或项目是否具有可行性，可以从学生、学校和教师三个方面考虑。

（1）学生是否喜欢课题或项目。综合实践活动项目教学的选题有两种模式：教师提供参考课题和学生自选课题，教师根据活动主题提供一些参考子课题供学生选择，对于教师给定的参考项目，要尽量提供一些学生喜欢的，或者学生感兴趣的课题。学生自选课题，一般都是学生自己喜欢和感兴趣的，自选课题必须经过教师的审批，以保证选题可以体现学科特点和个性化特征。

（2）学校是否具备开展项目教学所需的条件。例如，有没有足够的课时、场地和设备等，特别是科技类和劳动类项目教学，学校必须有固定的场地和功能室，还要有基本的设备、工具和耗材等，可见学校的硬件保障是综合实践活动项目教学的前提和基础。

（3）指导教师是否能够胜任教学。综合实践活动项目教学，不管是考察探究项目，还是科技类和劳动类项目，技术特色鲜明，对教师指导能力的要求都很高，如果教师的学科专业背景与项目要求不符，或者教师本身知识面不够广，可能就无法给予学生具体的技术指导。开展综合实践活动项目教学，必须考虑要有适合的指导教师，要求教师开设一些自己擅长的、熟悉的、能够教得了的项目。

课题和项目的可行性还可以从项目本身考虑，除了前面提到的科学性之外，还要求项目要符合学生的知识和能力范畴，即要求研究的项目要符合实际。比如，曾经有学生想发明"可以存储闪电能量的装置"，自然界闪电能量丰富，如果能够发明可以储存闪电的能量，这样的创意非常好，具有科学性，而且目前都没有人发明出来，也具有创新性。这种存储闪电能量的装置，理论上是一种电容装置，看似简单可行，但具体实施的技术难度却超乎想象，一次闪电释放的能量太大了，大到我们目前还找不到可以装下那么多电能的电容器，也还没有找到可以瞬间承受那么大电流的装置，所以这个创意很好，但是不现实，也不可行。

再如，有学生发现，目前星际航行，靠火箭飞行速度有限，想去火星都要180天，如果能够发明"一种可以通过光传输的技术"就可以实现星际航行的高速，这个创意是发明一种装置，先把人变成一束光，把这束光发射到目的星球上，通过光的接收装置，把光还原成人，这样就可以实现人类的星际高效飞行。这样的创意非常有创新意义，但人类目前还没有将人变成光的技术，更没有将光还原成人的技术，这些都是创意很好的项目，可由于我们暂时技术局限，因此是无法实施的。

二、制定方案

凡事预则立，不预则废。有了好的创意，确定了要研究的课题或者项目后，不能马上就做，必须先进行方案的设计和相关活动的计划，任何活动都要让学生养成做方案的习惯，不仅可以培养学生做事有条理的好习惯，还可以让他们学会观察分析和懂得轻重缓急的流程和时序，锻炼他们的工程师素养等。

一个项目和活动的方案，一般有以下内容。

（1）要有活动目标，这部分内容要明确小组的目标任务是什么，而且要阐述为什么要做这个课题的理由，交代选题的背景和理由。

（2）要有内容规划，这部分要介绍研究小组准备具体怎么做，首先做什么，然后做什么，最后做什么。

（3）有分工安排，先要选出小组长，根据活动任务，组员自觉认领各自需要负责的工作，做到人人有事做，分工明确，落实到位。

（4）要有进度，这部分主要便于检查项目的进度，要明确项目从什么时候开始，到什么时候结束，具体明确项目实施各阶段的时间节点，便于指导教师了解项目实施的进展，检查项目的阶段性成果。

（5）要有预案，在项目实施过程中，可能会出现哪些突发情况，有什么预防和应对措施，预设的应对方案要尽量详尽，尽量考虑周到。

项目活动方案是项目学习的重要形式，对项目的具体实施具有指导和监督作用，一个小组的活动方案制订完成，意味着项目实施就完成了一半。下面列举中山市第一中学综合实践活动课题方案，见表2-1-1。

表2-1-1

年级：_____，班级：_____

课题名称	
课题成员	组长：　　　　　　　　　　　　组员：
问题提出	（填报提示：描述自己在生活中遇到的实际问题以及分析问题产生的原因）

研究设计	（填报提示：研究目标和研究内容的设计）
研究步骤	（填报提示：解决本问题的研究方法和主要实施步骤或总体安排）
预期成果	（填报提示：呈现研究成果形式和预设研究成果）
任务分工	
应急预案	

三、项目实施的指导方法

项目实施是综合实践活动研究性学习最关键的部分，无论前期活动方案写得多么全面，准备工作做得多么充分，没有实际的具体实施，都是纸上谈兵。在开展项目实施的过程中，需要做好以下工作。

（一）实施项目的设施设备要齐全

俗话说，巧妇难为无米之炊。不管开展什么项目教学，活动所需的硬件设备都要齐全，硬件包括校内外的活动场地、活动设施、工具耗材等，这些硬件是项目实施能否成功的物质保障，不一定要片面追求高大上的设备，要根据学校的实际能力，因地制宜准备符合学校和学生实际的项目教学设备，硬件设备没有最好的，只有最合适的。

（二）要有活动方案或设计图纸

活动方案和设计图纸是项目实施的具体指引和活动依据，是项目具体实施前的周密思考和部署，活动方案和设计图纸可以培养学生做事行为习惯的逻辑性和严谨性，可以最有效地锻炼、培养学生的工程思维和工程师素养。

（三）循序渐进分步进行

综合实践活动开展的项目教学，一般不是一节课就可以完成的，需要多节课才能完成，为此，如何处理半成品是很现实的问题，如果教学条件良好，活动场地足够，针对各班各组的半成品，可以班级为单位，分区暂时存放，保证下一节上课时可以继续使用；如果场地条件不具备暂时存放的条件，那就要求各班各组上完课以后打包搬走自己的半成品，上下一节课时再搬回来继续制作。具体怎样实施，要依据学校的情况灵活处理。

（四）教师全程指导统筹

作为实践性教学，综合实践活动项目教学是学生动手实践的活动课程，教学的安全尤为重要，教师在教学中既要纵观全局，又要关注到每一个学生，除了必要的安全教育之外，还要能及时发现一些安全隐患；教师除了每一节课对中学生的活动进行全程指导，还要对每一组学生项目的进展情况了如指掌，教师必须对自己所教的学生和项目都熟悉了解，这样才能对项目教学起到有效指导作用，才能体现学生的主体性和教师的指导性。

四、项目总结整理（结题指导）

项目学习的成果总结和整理是综合实践活动项目教学的第四个步骤，全班各组完成学习后，每组需要提交本组项目学习的成果，学习成果一般要求学生提交以下内容。

（一）完成项目报告

综合实践活动项目报告是指开展项目的过程展现，项目报告有基本的格式，首先从选题背景开始，如何发现问题，将问题转化为研究的课题，讲清楚为什么要做课题的原因和理由。其次介绍怎样去实施课题，包括先做什么，然后做什么，最后做什么。再次介绍如何取得研究结果，得出什么结论，有什么创新点，等等。最后谈活动的反思，通过开展项目研究活动有什么感悟与体会，如实分享参加活动的真情实感。

（二）原始资料册

开展综合实践活动项目学习以来，全部的第一手相关资料，如选题期间检索的资料（申报书、小组讨论的记录本、活动方案、设计图纸、调查报告等）；活动实施过程中的活动记录（活动照片、数据记录与数据分析、实验报告等）；项目完成后的优化改进活动记录、小组成员的感想体会等。

（三）实物展示

对于设计制作的项目成果，除了项目报告和原始资料外，还需要提交制作的模型或者实际作品。模型和实物，可以检验项目设计是否成功，是否实现设计的功能，是评价项目成果最直观、最真实、最重要的依据，开展设计制作类项目成果比调查类项目成果更具有可视化，更能有效锻炼学生的综合动手能力。

结题时，学生课题研究小组要提交的作业一般包括两部分，即纸质版作业和电子版作业。纸质版作业，课题论文或项目报告需要打印出来，原始资料装订成册作为学生研究课题的原始佐证，纸质报告和原始资料册一起用档案袋装好，相当于课题研究档案；电子版作业，由课题论文或者研究报告的电子文档以及展示研究成果的幻灯片文档（PPT），每个课题一个文件夹，以小组命名文件夹，班级课代表收集全班课题文件夹到一个文件夹，以班级命名文件夹，交作业时，统一交给科任教师，由教师评分和保管。

五、交流评价的方法指导

项目式学习的最后环节是成果交流与评价，在进行成果展示和交流之后要进行评价，和文化课的考试评价模式不同，综合实践活动教学的评价更加趋于多元和多维度，既要有结果评价，又要有过程评价，我们要注意项目实施前、实施中和实施后以下几个要点。

（一）项目实施之前，要评估项目的育人价值和可行性

项目实施之前，要评估项目的育人价值和可行性。项目的可行性可以从三个方面考虑：一是项目内容是否符合学生的认识和能力水平；二是学校是否具备项目实施的条件；三是任课教师是否能够胜任项目的教学指导工作。可见，在项目教学实施之前，要对项目可行性进行必要的评估。

（二）项目实施期间，要重视评价项目式学习的过程

项目实施过程是项目评价的重要佐证材料，这是综合实践活动和其他学科评价的最大区别，即重过程评价，即使有些研究最后没有完成，或者没有最终

的结果，那也没有关系，只要有研究过程的原始材料，就可以反映学生参与的实际情况，就可以评价学生的表现。项目实施期间，要重视评价项目式学习的过程，重视过程评价是我们评价项目式学习的主要内容。

（三）项目完成之后，要采取多元评价

项目完成之后，要采取多元评价。最后阶段的评价分两部分：成果展示与交流和定量打分评价。成果展示与交流，要求各项目学习小组准备好介绍项目的幻灯片文档，介绍本小组的项目实施情况，分享研究的收获体会，展示项目报告、原始资料册以及实物模型，等等，接受其他同学的问辩。定量打分评价，包括学生自评、小组他评和教师总评，体现过程性和结果性结合，中山市第一中学综合实践活动课题量化评分表，见表2-1-2。

表2-1-2

时间：_____学年，第_____学期

班级：高_____年级_____班，课代表：_____，任课教师：_____

研究小组	学生评分				教师评分	
	申报表填写 （10分）	选题汇报 （10分）	实施情况 （20分）	结题汇报 （20分）	结题材料 （40分）	总分 （100分）
第一组 组长：						
第二组 组长：						
第三组 组长：						
第四组 组长：						
第五组 组长：						
第六组 组长：						
第七组 组长：						

研究小组	学生评分				教师评分	
	申报表填写（10分）	选题汇报（10分）	实施情况（20分）	结题汇报（20分）	结题材料（40分）	总分（100分）
第八组 组长：						
第九组 组长：						
第十组 组长：						

第二节　考察探究类项目教学方法

综合实践活动四大活动方式有：考察探究、设计制作、社会服务、职业体验。考察探究作为中小学综合实践活动课程最基本的活动方式之一，是在课堂实践中运用最广泛的一种活动方式，也是落实立德树人根本任务和发展学生核心素养的重要途径。

一、考察探究

考察探究的关键要素包括：发现并提出问题；提出假设，选择方法，研制工具；获取证据；提出解释或观念；交流、评价探究成果；反思和改进。

考察探究类项目学习是指学生在教师的指导下选择和确定研究项目，以野外考察、社会调查、研学旅行等多种方式，综合运用各学科领域的知识进行问题解决和意义获取的学习活动。考察探究类项目学习的基本特点具体如下。

（一）生活性

考察探究倡导学习要面向生活。面向生活，并坚信生活即教育，教育即生活。这里的生活就是指学生当下的生活，因此考察探究可以说是一种问题解决式的学习，其实施过程就是在生活的真实情境中进行，最终目的也是为了更好地服务于当前的生活，并为未来生活做好铺垫和准备。

（二）自主性

考察探究项目的选择必须建立在尊重学生自身兴趣和需要的基础上，由学生自主选择和确定，教师只能起到辅助指导和促进的作用。学生开展的考察探究活动包括研究计划的制订、研究主题的实施、研究结果的分析以及成果展示等一系列活动，都应由学生自主进行与完成，家长、教师决不能把自己的观念强加给学生。

（三）研究性

考察探究项目学习的开展必须预先了解研究对象和目的地的情况，制订基本的研究计划，要求教师和学生以循序渐进的方式一起探讨解决问题的过程，这个过程包括问题的设定、问题的探究。小组成员需综合运用所学知识及技能，围绕各子问题展开现场考察和深入探究，搜集解决问题所需的资料和数据，并对其进行归类和分析，最后以适当的方式展示自己的研究成果。

（四）综合性

考察探究项目学习涉及自然现象、社会问题、文化生活等领域，要对这些现象与问题进行考察与探究需要运用多种研究方法，如运用文献查阅、调查、访问、观察等活动方式，考察探究不仅体现现场活动的过程性，也包括课堂内的讨论、反思，资料分析和最后的评价展示工作。因此学生只有经历了所有这些过程，才算是完成了一次考察探究类型的综合实践活动。

二、考察探究类项目教学方法

项目教学方法是以实践为导向，教师为主导，学生为主体的教学方法，是从职业的实际出发选择具有典型性的事例作为教学的内容，学生在教师的指导下，按照问题的要求搜索、选择信息资料，通过小组共同研究，努力创造性地解决问题，得出结论或完成任务。

在项目教学活动中，改变了传统教学方法中教师为主体的局面，变学生的被动学习为主动的探究性学习。学生划分成若干个项目小组，按照项目任务的要求，通过小组的分工协作，独立制订计划并实施计划，完成项目任务。教师在整个教学活动中仅仅起指导和辅助的作用。项目教学方法能最大限度地调动学生学习的主动性、参与性，使其独立学习，独立思考，团结协作，发挥想象力和创造力，有效地锻炼和提高其社会能力、方法能力和综合职业能力。

（一）考察探究类项目活动所要具备的条件

作为教学内容的项目应满足下列条件。

（1）该工作过程具有一定的应用价值，具有一个轮廓清晰的任务说明。

（2）能将某一教学课题的理论知识和实践技能结合在一起。

（3）与企业实际生产过程或现实的商业经营活动有直接的联系。

（4）学生有独立进行计划、工作的机会，在一定实践范围内可自行组织、安排自己的学习。

（5）有明确而具体的成果展示。

（6）学生能够自己克服、处理项目工作中出现的困难和问题。

（7）具有一定难度，不仅是已有知识、技能的应用，而且还要求学生能运用新学习的知识、技能解决过去从未遇到过的实际问题。

（8）学习结束时师生可共同评价项目工作成果和工作学习方法。

在实际教学中很难找到完全满足上述八个条件的课题项目。

（二）考察探究类项目活动设计

考察探究类项目活动设计涉及活动背景、活动主题、活动目标、活动内容、活动方式、活动准备、活动过程及指导、活动成果展示与评价等。

1. 考察探究类项目活动主题的确立

开展考察探究类项目活动第一步就是，提出问题并确定活动的主题，这也是整个探究活动的起点。我们选择的考察探究活动主题应该以学生为主，充分考虑学生的兴趣、特长及知识和能力水平。学生是学习的主体，教师只是指导者，因此必须注重学生的主体性，充分考虑学生的兴趣、特长及知识和能力水平。如果学生没有兴趣，学习将会变成枯燥乏味的事情而难以维持下去。反之，如果选择了合适的课题，学生的参与热情就会空前高涨，综合实践活动课也将会收到事半功倍的效果。

《中小学综合实践活动课程指导纲要》推荐主题及其说明推荐了考察探究类项目活动的主题，并对活动内容与目标进行了说明，见表2-2-1。

表2-2-1

学段	活动主题	简要说明
一至二年级	1.神奇的影子	体验踩影子游戏、手影游戏的乐趣，了解影子在生活中的应用；创作、交流简单的手影游戏、故事、舞蹈，初步体验科学探究的乐趣
	2.寻找生活中的标志	通过访问、观察、实地考察收集生活中的各种标志，如安全标志、交通标志、社会团体类标志、汽车标志等，理解其含义，学生提高收集、整理、分析和利用信息的能力，初步树立规则意识

续　表

学段	活动主题	简要说明
一至二年级	3.学习习惯调查	了解和观察本班（年级）学生在读写姿势、文具的使用、阅读与写字等方面的习惯，讨论、总结不良学习习惯的表现、危害，研究和分析养成良好学习习惯的方法；开展主题班会，增强学生对学习习惯重要性的了解和重视；持续开展学习习惯宣传与纠错活动，相互帮助，自觉养成良好学习和行为习惯
	4.我与蔬菜交朋友	通过访问、交流了解学生对吃蔬菜的态度；到菜市场或菜田考察蔬菜的形状、种类，了解蔬菜的营养对自身成长的重要性；选择种植一种芽苗菜，体会种植的快乐与辛苦，增进对蔬菜的情感
三至六年级	1.节约调查与行动	通过访问、调查、实地考察等多种方式，了解家庭（或学校、社区某些场所）水（或电、粮食等资源、一次性生活用品等）的浪费情况，设计有针对性的节约方案；开展节约（合理用电、光盘行动、减少一次性生活用品使用）倡议与行动，并记录、分析效果，提高实践能力，增强节约资源意识
	2.跟着节气去探究	结合二十四节气，观察身边的植物、动物、天气等物候变化；长期坚持，认真做好记录，并尝试编制当地的自然日历，理解农业生产与物候变化的关系；关注自然现象，探索自然变化，初步树立严谨求实、一丝不苟的科学态度
	3.我也能发明	观察、分析、讨论日常生活中各种用品、物件使用过程中的问题；学习和运用发明创造的多种方法，针对发明创造对象进行功能改进或重新设计，并在实际生活中加以应用和检验，提高动手能力，培养创新精神
	4.关爱身边的动植物	观察身边常见的动植物，如校园植物、家庭（社区）宠物、大自然中的各种昆虫、农田中的动植物等；选择其中一种或多种进行小实验、分析与研究，了解其自然特征（习性）并自觉加以保护，增进关注自然、热爱自然的情感，提高科学探索能力
	5.生活垃圾的研究	收集资料、了解国内外垃圾分类和处理的有关内容，调查、了解身边各种生活垃圾的处理方法；分析针对现状问题可采取的措施，设计家庭（学校、社区）垃圾箱和垃圾有效分类回收的方案，增强环境保护意识
	6.我们的传统节日	选择清明节、端午节、中秋节、重阳节、春节等一个或几个传统节日，运用收集资料、访问、实地考察等方法，了解节日的来历、习俗、故事等；参与体验该节日的1～2种习俗，并进行交流分享，增强对传统文化的探究意识和认同感

学段	活动主题	简要说明
三至六年级	7.我是"非遗"小传人	了解非物质文化遗产的种类、特点、保护现状（如"二十四节气"等），访问本地非物质文化遗产传承人；讨论传承和保护非物质文化的方法、措施和建议，开展非物质文化遗产的传承活动，理解、认同家乡传统文化，并乐于传承
	8.生活中的小窍门	通过资料收集、调查、实地考察等方式了解各种生活小窍门，通过动手实验加以验证，设计宣传方案。丰富生活经验，锻炼实践能力
	9.零食（或饮料）与健康	调查、交流学生吃（喝）零食（饮料）的现状；通过查阅资料、访谈了解其对健康的影响，了解科学选择零食（饮料）的方法；动手制作1～2种健康零食（饮料），并召开班级展示分享会，增强养成健康饮食的意识
	10.我看家乡新变化	通过调查、访问、参观等多种方式，了解和感受家乡在经济、文化、建筑、交通、生活方式等方面的变化与发展，用摄影、绘画、手抄报、作文、故事等多种形式，展示家乡的新变化；增进知家乡、爱家乡的情感，增强建设家乡和祖国的责任感、使命感
	11.我是校园小主人	通过观察、访问、实地考察等方式，了解和分析校园的自然环境、规划布局、设施设备、文化景观、文化活动以及安全保障等方面的状况，提出校园建设和发展建议，增强知学校、爱学校的责任感
	12.合理安排课余生活	通过调查和了解学生在学校课间、家庭、假期等时间的生活安排情况（如学习培训、健身、业余爱好等）；分析合理安排课余生活的方法与要求，制订合理利用课余生活的计划，开展有意义的课余活动，体验并记录活动感受，养成健康生活习惯，增强自我管理意识
	13.家乡特产的调查与推荐	通过资料收集、访问、实地考察等多种方式，了解和调查家乡的特产；设计与策划推荐方案，增进热爱家乡、关心家乡、建设家乡的感情
	14.学校和社会中遵守规则情况调查	收集了解学校和社会中的各种规则，如校规校纪、交通规则、公共文明行为准则等，增强遵规守纪意识；观察学生和社会公民在遵守规则方面的实际表现；通过访谈或问卷调查了解人们遵守规则的情况；针对观察、调查中发现的实际问题，提出提高人们规则意识的建议
	15.带着问题去春游（秋游）	在春游（秋游）外出考察前，通过网络、书籍等多种途径，了解所去场所的基本情况、资源内容与特点，能够提出研究问题，设计考察方案；通过任务驱动的方式，有效地开展实践活动，获得研究结论；培养项目设计的意识和能力，积极参与校园生活，增强团队合作意识

学段	活动主题	简要说明
七至九年级	1.身边环境污染问题研究	通过调查了解身边水污染、空气污染、噪声污染、土壤污染、固体废弃物污染等任一环境污染的来源、现状及对身体健康的影响，提出合理的防治措施，减少环境污染，培养环境保护意识
	2.秸秆和落叶的有效处理	调查当地秸秆和落叶处理过程中存在的问题，分析焚烧秸秆和落叶的危害；走访能够有效处理秸秆和落叶的机构，了解处理秸秆和落叶的常用方法；开展实验，探索更加有效地处理秸秆和落叶的方法或措施，提高科学探索能力和社会责任感
	3.家乡生物资源调查及多样性保护	收集资料，了解家乡主要动植物资源，实地考察这些动植物资源的生长、开发与利用的情况；针对在考察中发现的问题，提出保护当地生物多样性、合理开发利用生物资源的建议，增强关注自然、保护自然的意识，增进知家乡、爱家乡的情感
	4.社区（村镇）安全问题及防范	实地考察社区（村镇）设施设备、人与车辆分流管理等方面的安全状况，寻找安全隐患；与管理部门沟通，提出防火、防盗等安全防范建议，并在社区中进行相关宣传，增强安全意识，提高社会责任感
	5.家乡的传统文化研究	收集家乡历史文化典故，考察著名历史建筑，制作传统美食；了解当地服装服饰文化和传统庆典节日文化等方面的传统文化。理解和尊重家乡的传统文化，积极参与探究学习，树立对传承传统文化的历史责任感
	6.当地老年人生活状况调查	考察当地社会养老机构，如敬老院、老年公寓等；分别调查选择社会养老和居家养老的老年人生活状况，并对两类养老方式进行对比分析；主动为身边的老年人服务；弘扬尊老敬老的美德，增强关心老年人、积极为老年人服务的意识
	7.种植、养殖什么收益高	对当地自然、地理条件进行分析，了解适合的种植和养殖项目；从市场、技术、经济、工程等角度，对项目进行调查研究和分析比较，并对项目可能取得的经济效益及社会环境影响进行预测，为家庭选择合适的种植、养殖项目提供参考，增强社会参与和责任意识，提高运用知识解决实际问题的能力
	8.中学生体质健康状况调查	收集有关视力、身体形态、身体机能、身体素质等方面的资料；统计分析体质健康状况及运动、生活习惯的数据；访问医务人员和体育教师等专业人员；提出改善体质健康的方案并长期坚持，检验效果；关注自身体质健康，养成健康合理的生活习惯

学段	活动主题	简要说明
七至九年级	9.中学生使用电子设备的现状调查	调查了解中学生使用手机、平板电脑、笔记本电脑等电子设备的主要目的；了解电子设备与数字生活的关系，知道过度使用电子设备对身心健康的影响；积极采取措施避免过度使用电子设备；培养较高的信息意识，提高数字化生存能力，主动适应"互联网+"等社会信息化趋势
	10.寻访家乡能人（名人）	收集相关材料，进行人物专访，了解家乡某个领域能人（名人）的经历与成功故事，分析其成功的原因及对家乡的影响，进行宣传。增进热爱家乡的情感，积极为家乡做贡献
	11.带着课题去旅行	围绕寻访红色足迹、中华文化寻根、自然生态考察等主题，收集研学旅行目的地的资料，寻找自己感兴趣的问题作为研究课题；带着课题参加研学旅行，通过实地考察和调查，完成课题研究和旅行活动；在活动中激发爱国热情，培育民族精神，增强保护自然的意识
高一至高三	1.清洁能源发展现状调查及推广	收集信息了解清洁能源的特点，考察当地风能、太阳能等清洁能源设施或生产企业；设计在学校或社区中使用清洁能源的方案；调查新能源汽车发展前景及其在推广使用中存在的问题，在社区中宣传推广清洁能源；关注清洁能源的发展，主动选择清洁能源和相关产品，减少环境污染
	2.家乡生态环境考察及生态旅游设计	设计方案实地考察家乡的湿地、森林、草原等自然生态环境；对当地生物多样性及保护情况进行研究，采访当地居民了解自然生态环境变化，提出保护建议；结合当地独特的自然生态条件，设计开展生态旅游方案，在一些景点进行生态旅游的导览和讲解服务，增强热爱家乡、保护家乡自然生态环境的意识
	3.食品安全状况调查	收集有关食品安全的信息，分析典型食品安全事故；考察当地食品制造企业或走访食品监督部门，调查当地食品安全状况和人们的食品安全意识；提出确保食品安全的方案，尝试用简单的实验方法对常见食品进行检测，编制食品安全手册，在社区中做食品安全科普宣传；增强食品安全意识，学会选购健康、安全的食品
	4.家乡交通问题研究	收集资料，走访当地交通管理部门，了解交通拥堵的原因和减少拥堵的措施；到本地区比较拥堵的路口进行实地考察，记录不同时段交通拥堵的状况，对改善本地区交通拥堵问题提出建议；在学校周边做交通疏导，维护交通秩序；关注家乡交通问题，为缓解家乡交通拥堵做出自己的贡献，提高社会责任感
	5.关注知识产权保护	访问当地的知识产权部门，了解知识产权的相关知识；对身边公众的知识产权意识和行为进行调查，提出增强公众知识产权意识的建议；在参与各种创新活动中，尊重他人的知识产权，并维护自身的知识产权，增强尊重知识产权的意识，提高依法维权的能力

续 表

学段	活动主题	简要说明
高一至高三	6.农业机械的发展变化与改进	收集资料，实地考察，了解从传统农具到现代化农业机械设备的发展变化过程；分析比较各种农业机械的使用效果及成本，对农业机械的合理、充分使用提出改进建议；感受科学技术对农业发展的重大影响，激发创新意识
	7.家乡土地污染状况及防治	收集资料、调查、实地考察、实验、走访相关部门，了解家乡土地污染状况及主要危害；分析造成土地污染的主要原因；提出防治家乡土地污染的合理措施及建议，为保护家乡环境做出自己的贡献，增强环境保护意识及社会责任意识
	8.高中生考试焦虑问题研究	收集与考试焦虑相关的信息资料；通过问卷调查了解高中生考试焦虑的状况；与心理医生或心理教师面谈，进行考试焦虑心理测试；采取措施，减轻自身考试焦虑，策划并实施团队心理减压活动；学会调控考试带来的心理压力，促进身心健康发展
	9.社区管理问题调查及改进	考察当前社区，分析社区在停车、清洁、安全、养宠物等方面存在的管理问题；调查居民对社区管理的看法，考察周边管理比较好的社区；走访小区管理处，提出改进意见，主动参与社区管理，维护社区环境，增强社会责任意识和积极为他人服务的意识
	10.中学生网络交友的利与弊	通过资料收集、案例分析、访谈、调查等多种途径，了解中学生网络交友的相关信息；对网络交友的利与弊进行全面分析或展开辩论；提高信息安全意识，主动适应社会信息化趋势
	11.研学旅行方案设计与实施	收集研学旅行目的地信息，设计研学旅行路线及行程，设计研学旅行参观考察内容，确定自己的研究课题；设计研学旅行成果的展现形式，在研学旅行活动后对设计方案进行反思和评估，提高规划、设计与实施的能力
	12.考察当地公共设施	选择身边的文化娱乐设施、无障碍设施、公共交通设施等进行考察；调查了解公共设施的状况及公众的满意程度，与管理人员沟通，提出改进建议；利用节假日引导公众更好地使用公共设施，增强公共安全意识和社会责任意识

2. 考察探究活动目标设计

2014年颁布的《教育部关于全面深化课程改革落实立德树人任务的意见》中明确提出：学生应具备适应终身发展和社会发展需要的必备品格和关键能力，突出强调个人修养、社会关爱、家国情怀，更加注重自主发展、合作参与、创新实践。为了更好地提升学生的综合能力，发展其核心素养，充分发挥综合实践活动课程在立德树人中的重要作用。综合实践活动是国家义务教育课程方案规定的必修课程，是基础教育课程体系的重要组成部分，其活动内容主要包括考察探究、设计制作（信息技术和劳动技术）、社会服务、职业体验及其他活动。

考察探究的目的在于让学生走进自然、接触社会、体验生活、感悟人生，丰富学生的社会知识与实践体验，增强学生对国家、民族、社会、历史、文化的了解，使学生获得对现实社会和历史传统、文化生活的认知、理解和初步感悟，让学生在活动中积累一定的社会阅历、生活经验和文化素养，培养学生的社会责任感，形成国家认同、文化自信，发展学生的探究能力、操作能力与创新精神，促使学生社会化。

考察探究活动的目标可分为价值体认、责任担当、问题解决、创意物化等方面的意识和能力。强调学生综合运用各学科知识，认识、分析和解决现实问题，提升综合素质，着力发展核心素养，特别是社会责任感、创新精神和实践能力，以适应快速变化的社会生活、职业世界和个人自主发展的需要，迎接信息时代和知识社会的挑战。活动目标要清晰、具体、明确，具有较强的可操作性，要对活动结束后学生的能力发展，情感培养、知识获得进行描述，达到预设的活动水平。

例如，在《关注中山BRT发展体验灵动生活》这一主题时，设计的活动目标如下：

价值体认：形成绿色低碳生活的观念。

责任担当：积极参与交通网络优化建设。

问题解决：了解BRT（Bus Rapid Transit，快速公交系统）运营情况，宣传绿色公交。

创意物化：设计BRT乘车示意图。

3. 考察探究活动内容设计

考察探究活动内容范围大致涉及三个方面，即人与自然、人与社会、人与自我，涉及学生的整个"生活世界"。学生基于自身兴趣，在教师的指导下，从自然、社会和自身生活中选择和确定研究主题，开展考察探究学习，在观察、记录和思考中，主动获取知识，分析并解决问题，如野外考察、社会调查、研学旅行等。

4.考察探究活动过程设计

在确定好考察探究的课题之后，教师要指导学生做好充分的考察探究准备工作。教师可以指导学生采用活动方案的形式呈现考察探究的准备工作，先是活动探究小组的组建。教师要尊重学生的个人意愿。同时关注各组人员的人数以及注重发挥他们不同的优势与特点。组建好小组后，接下来就是要指导学生如何探究活动设计。在指导的过程中，教师不仅要关注局部，即每一个具体的步骤之间怎么设计，如何去做？还要关注整体设计。例如，在《关注中山BRT发展体验灵动生活》这一主题活动过程设计中：

附1：

《关注中山BRT发展体验灵动生活》过程设计

本次综合实践活动我们以小组为单位，首先商讨确定研究主题，撰写活动计划书、安排分工；其次收集相关资料；再次设计问卷，通过采访市民和问卷调查等方式了解BRT运行的有关实际情况，并收集调查数据；最后通过对数据的分析以及采访反馈指出BRT快速运行给人们带来的影响，当然，在研究的同时也会了解到一些运行上的不足及人们对BRT的建议与期望。通过对收集到的信息加以总结、研究、分析，最终反馈给有关部门。

一、成立活动小组

焦点：随着社会的发展，私家车的普及，给人们的生活带来方便的同时，也给交通提出了一个新的挑战：车多路窄，交通运输量提不上去。道路拥堵成了大家出行的一大问题。公共交通的建设和改进关系到每一个人的生活。而BRT——中山市的新生公共交通设施成了大家关注的焦点。快速公交的出现将大大缓解路面交通的拥堵现象。现在，BRT营运已经开始完善各条支线，我们在盼望BRT的同时也更想全面了解这位中山的"新成员"。"BRT有什么好处？""BRT到底有多快？""BRT有没有缺点？""最早的BRT在哪里？""BRT有哪些科技含量？"等各种各样的问题都在同学们的脑海中翻腾。在综合实践活动教师的引导下，我们开展以《关注中山BRT发展体验灵动生活》为主题的综合实践活动。

按照同学们提出的研究问题，师生一起提炼了子课题，将本次综合实践活动分为四个小组，学生根据兴趣选择自己喜欢的小组，确定小组组长，合理分工，并给自己组起一个喜欢的名字。每个兴趣小组重点开展一个项目，分别如下：

1. 认识BRT小组

（1）认识世界快速公交的发展。

（2）认识国内快速公交的发展。

（3）认识我市首条快速公交。

2. 快速公交问卷调查小组

（1）设计问卷。

（2）问卷调查。

（3）调查小报告。

3. BRT的便捷与科技小组

（1）BRT便捷生活。

（2）认识BRT的人性化设计。

（3）认识BRT的科技元素。

4. 体验BRT小组

（1）规划我们的行程。

（2）体验感受BRT。

（3）采访售票员。

（4）BRT的优势与不足。

二、活动计划

BRT活动计划表，见表2-2-2。

表2-2-2

日期	活动内容	活动负责人
第一阶段（课题准备阶段）4月18日下午综合实践活动课	1.引出"关注BRT发展体验灵动生活"的研究课题，学生展开讨论，提出问题，表达自己希望了解的项目 2.在教师的指导下，将提出的问题进行筛选、归类、提炼子课题 3.学生根据自己喜爱的子课题，寻找合作伙伴，成立研究小组	指导教师

续　表

日期	活动内容	活动负责人
第二阶段 （课题实施阶段） 4月19日至 5月10日	1.上网查找、了解BRT的发展，包括世界、国内和中山市的发展情况 2.小组相互交流收集的资料 3.学生自己整理资料，做阶段性总结，构思初步研究成果	小组长、指导教师
5月11日下午	到火炬开发区健康花城实地考察快速公交；对路人乘客进行问卷调查；乘坐一次快速公交，体验BRT便捷与科技；考察快速公交的配套设施设备，观察乘客的使用情况	学校行政、指导教师司机、售票员
5月18日至 5月23日	1.设计各种专题的手抄报、展板 2.制作BRT宣传小册 3.整理问卷，写调查小报告 4.撰写参观日记，整理照片	小组长、指导教师
第三阶段 （活动总结交流阶段） 5月24日下午	1.汇报成果 2.课题延伸	小组长、指导教师
第四阶段 （活动评价延伸阶段） 5月26日下午	1.以小组为单位，进行活动评价 2.师生评价，生生互评 3.交流实践感受：关注BRT发展体验灵动生活 4.向公交公司提交研究报告和建议	小组成员、指导教师

5. 考察探究活动实施设计

　　考察探究活动实施要求学生面对真实、复杂、开放的问题项目，用自己的眼睛去观察，用自己的耳朵去听，用自己的大脑去判断，用自己的双手去操作，用自己的心去体会……用整个身心去体察、感悟、探究，做项目而不是做题目。在现场，学生开展的研究活动包括观察、访谈、实验、调查、考察等，并通过这些方法收集所需资料，以更好地理解、解决开始阶段预设的问题以及研究过程中生成的新问题。同时给出、提出解释或观念。资料收集完成后学生要对其进行适当的编码、归档或整理，并进行不同深度的反思与分析。分析时可利用不同的形式与工具，如文字描述、图表呈现、照片诠释、思维导图绘制等，以使研究资料的呈现更加丰富和清晰。在此基础上，学生对研究资料进行解释，提出自己的看法与观点，进而对之前提出的假设进行验证，如果假设成立，则将假设视为研究结论，如果假设不成立，则做出相应的调整或改变，并继续收集相关的证据来进行验证。

6. 考察探究活动成果展示与评价设计

考察探究活动成果展示与评价主要是将最终的研究发现汇总起来得出结论，并以多种方式呈现，而后进行系统反思、欣赏、展示和评价，为未来的考察探究奠定更坚实的基础。学生通过海报、板报、制作品、表演、绘画、视音频、地图等多种方式呈现研究的主要结论和心得体会，并进行相互交流与讨论。学生可以将最终的研究成果以及研究过程中所积累的素材全部纳入小组档案袋中，以供教师、家长、同学做出多主体性的评价。

例如，《关注中山BRT发展体验灵动生活》这一主题活动的成果展示设计，具体如下：

附2：

《关注中山BRT发展体验灵动生活》成果展示

分组展出学生在本次综合实践活动中收集到的资料和数据。

第一小组：认识BRT小组

主持人：我们是认识BRT小组，这个课题一提出，我们非常感兴趣，马上上网调查和查找有关BRT的发展历史，下面由我们组的同学为大家来介绍。

生1：通过网络查询，我们了解到世界最早的快速公交：BRT，其全称是Bus Rapid Transit，即快速公交系统。快速公交系统30年前起源于巴西的库里蒂巴市，与此同时世界上许多城市通过仿效库里蒂巴市的经验，开发改良建设了不同类型的快速公交系统。

生2：我们了解到目前国内已经建设运营BRT的城市有：北京、广州、济南、杭州、苏州、郑州、合肥、大连、常州、枣庄、昆明、厦门、重庆、盐城和乌鲁木齐。

生3：我们了解到中山市首条快速公交"利和广场——火炬太阳城"示范线在2014年1月27日正式开通，并有三条支线开通营运，如图2-2-1所示。

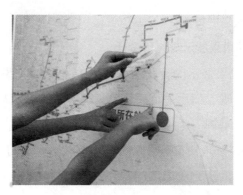

图2-2-1

师生互动：同学们，通过认识BRT小组同学的介绍，你了解到了什么……刚刚这个小组的同学用了PPT进行汇报，真了不起！这组同学为了直观地向我们展示，他们还多次虚心地向信息老师求教，真是值得我们学习呀！想超越他们吗？哪组来挑战？

第二小组：快速公交问卷调查小组

主持人：认识BRT小组同学汇报得很精彩，我们小组也不示弱。下面由我们汇报快速公交给中心城区群众出行带来的影响和改变的问卷调查，如图2-3-2所示。

图2-2-2

生1：在开展问卷调查前，我们聘请了科学老师程老师为辅导老师，指导我们进行问卷设计。

生2：本次调查采用问卷调查形式，我们在火炬开发区健康花城康乐大道站对市民进行了快速公交给中心城区群众出行带来的影响和改变的民意调查，共发放问卷60份，回收有效问卷58份，受访者为健康花城的上班族，家庭住址主要集中在东区、石岐区和火炬开发区。

生3：调查显示，82%的受访群众不反对或支持快速公交建设，其中70%的受访者明确表示支持；乘坐快速公交的受访人群中，90%的人满意它所提供的服务。而有个别私家车主反对快速公交的建设，认为快速公交的建设使得交通堵塞明显增加的有16人，占比为27%；认为交通堵塞有些增加，但对个人影响不大或表示没注意的有20人，占比为33%；认为交通堵塞有改善或明显改善的24人，占比为40%。

生4：通过数据分析，我们建议通过增加线路、班次，提高行车速度、鼓励领导率先垂范，引导更多市民乘坐快速公交。

师生互动：同学们，通过问卷调查组同学的介绍，你学到了什么……同学在做问卷调查时十分注意调查问卷设计的科学性，为此他们邀请了科学老师为他们指导。很好！我们要学会从问卷中得出数据进行科学分析，从而撰写调查报告。

第三小组：BRT的便捷与科技小组

主持人：我们小组进行了实地考察，采访了路人，了解到BRT的便捷与科技。请听听我们的介绍吧！（出示课件）

生1：我们对有关快速公交的资料进行了收集和整理，了解到BRT以其人性化、科技化广受欢迎。

生2：BRT票价优惠。我们采访了售票员，了解到BRT售票系统与现有常规公交相同，各种IC卡在BRT线上同样可以使用。乘坐BRT线只需两元，自己出一元，政府出一元。BRT实行同站换乘免费，即在BRT站台内，换乘不同的线路不再收取任何费用，乘客可以更方便地进行换乘，见表2-2-3。

表2-2-3

采访者：蔡雨欣、梁晓彤	采访时间：2015年5月11日	采访对象：健康花城站售票员
了解BRT售票系统与现有常规公交的相同之处，各种IC卡在BRT线上是否可以同样使用？		
记录：		
我的收获：		

生3：BRT人性化设计。BRT车辆采用低地板、大容量（18米长的铰接公交车）车辆，设有四个宽通道双内摆车门，大大方便了乘客上下车。车辆与站台均考虑了残疾人通道。BRT车辆上设有轮椅专位、靠垫，车内还设置了爱心专用座位。

生4：BRT绿色环保。新型车辆耗能低、排放低；路段设有专有路权，避免了拥堵时的反复加减速和停车，有效减少了车辆的废气排放。

生5：每个BRT站过了斑马线路都有绿道自行车，给人们的出行带来便利，如图2-2-3所示。

图2-2-3

生6：BRT的设计蕴含很多科学技术，各类设施设计美观、红墙绿瓦、实用、全面覆盖Wi-Fi。路权选择和车辆开门方式科学合理。BRT有专门的黄色专线，设在道路左边，车辆采取左开门形式，而支线的车辆则可以两边开门，灵活多变。

生7：BRT智能交通系统功能全，技术先进。系统的完整性高，科技含量高，数据共享程度高。中英文语音报站，实时显示各种交通信息、监控图像等数据与市交通指挥中心相连，有效提高了交通指挥和公交车辆调度的能力。

师生互动：通过BRT的便捷与科技小组同学的介绍，你知道了哪些信息？你还想说点儿什么呢？（汇报有梯度，使学生从感性认识到理性认识，升华情感，并通过师生互动检测倾听效果。）

第四小组：体验BRT小组

主持人：听了前面几个小组同学的介绍，我们迫不及待地想把我们体验BRT的感受与大家一起分享。来听听我们小组的汇报吧！

生1：下面请跟我们小组乘坐过程的图片一起感受BRT的舒适吧，如图2-2-4所示。

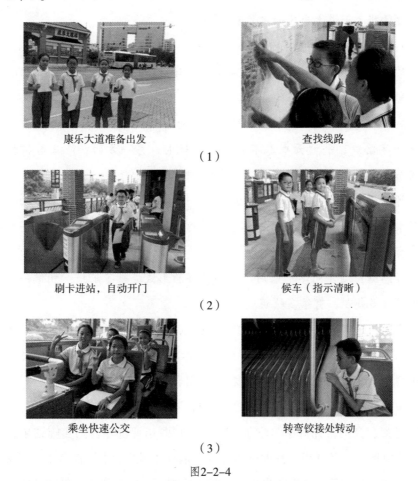

康乐大道准备出发　　　　　　查找线路

（1）

刷卡进站，自动开门　　　　　候车（指示清晰）

（2）

乘坐快速公交　　　　　　转弯铰接处转动

（3）

图2-2-4

生2：我们设计了乘车示意图，如图2-2-5所示。

图2-2-5

生3：在乘坐的同时，我们也细心观察，发现BRT有一些不足：如线路网络设置不合理，BRT线路一干三支，覆盖率很少，在非主干道上的线路很少，因此不方便非主干道上市民的工作和出行。

生4：我们从康乐站16：00出发坐18米的车只有10名乘客，但5：10在万家站上车的乘客就很多，建议做一个调研，适当调整班次与发车时间，根据每个站台的客流来实时发车，节约能源。

生5：我们也发现BRT存在一些安全隐患：BRT乘客一下车，走出站台一般就是十字路口，一方面乘客不遵守交通规则，另一方面，汽车司机横冲直撞，因而在十字路口存在较大的安全隐患。

教师评价并提出问题：体验小组真是一群有心人……他们除了详细为我们介绍了乘坐过程，还思考如何发挥它更大的效能，细心观察到BRT的一些安全隐患，真是了不起。

教师总结：刚才同学们采用了多种多样的形式进行了汇报，相信每个小组都学到了许多知识，有很多收获。

同学们，通过开展"关注中山BRT发展体验灵动生活"活动，让学生感受到了团队的作用，了解了科技带给生活的便捷，从而产生了热爱科学之情。你们的表现给我留下了深刻的印象，看到你们取得的成果，真为你们感到高兴，希望每一次活动，我们都能开展得这样丰富多彩。

在考察探究项目评价中，学生的真实表现既指评价项目的实施结果，又指学生在完成评价项目过程中各种行为表现，是教师判断学生综合素质发展水平的重要依据和内容。只有从事实出发，与学生面对面地挖掘事实，教师才能做出合理的评价。与传统的个体间横向比较不同，综合素质评价无意得到孰强孰弱的结论，更加倾向于自我的纵向比较，关注"现在的我"与"以前的我"之间的发展变化态势与程度，让学生明白"哪些方面有进步""哪些方面还需继续努力"，重视学生在活动过程中的情感投入、角色分工、承担的任务、活动中的表现方式的评价，要对学生活动过程中所承担的角色和工作以及活动态度进行深入分析和研究，发掘隐藏的学生思想、创意和体验，对学生的作品随性打分和简单排名。

一节完整的综合实践活动课程的实施包括活动评价，科学的活动评价应是符合综合实践活动课程的性质的。重视活动参与和亲身感受的综合实践活动课堂评价必然离不开过程性评价；以活动为单位的综合活动课堂评价必然离不开描述性评价；以注重学生综合素养为目标的综合实践活动课堂评价必然离不开档案评价；教师作为引导者、学生作为活动主体的综合实践活动课堂评价必然离不开多元化评价。作为综合实践活动教师，在开发和实施校本化课程时，决不可忽略对课堂评价策略的思考。

附3：

以下是自我评价表（表2-2-4）、活动评价表（表2-2-5）。

表2-2-4

主题：_____，班级：_____，姓名：_____

评价项目	评价内容	评价结果
参与态度	是否参与选题？	
	活动中你完成的任务是什么？	
	你从哪些渠道搜集到了信息？	
	你为小组提出了什么建议？	
	你对小组活动满意吗？	
合作精神	你帮助谁解决了什么问题？	
	你能听取别人的意见吗？	
	你最大的贡献是什么？	
能力发展	活动中你学到了什么？	
	你最大的收获是什么？	
	本次活动中你的遗憾是什么？	

表2-2-5

小组：_____，名字：_____

评价内容	自评	他评			总评
		同伴	教师	家长	
选题能力	☆☆☆☆☆	☆☆☆☆☆	☆☆☆☆☆	☆☆☆☆☆	☆☆☆☆☆
策划能力	☆☆☆☆☆	☆☆☆☆☆	☆☆☆☆☆	☆☆☆☆☆	☆☆☆☆☆

续 表

评价内容	自评	他评			总评
		同伴	教师	家长	
组织能力	☆☆☆☆☆	☆☆☆☆☆	☆☆☆☆☆	☆☆☆☆☆	☆☆☆☆☆
合作能力	☆☆☆☆☆	☆☆☆☆☆	☆☆☆☆☆	☆☆☆☆☆	☆☆☆☆☆
探究能力	☆☆☆☆☆	☆☆☆☆☆	☆☆☆☆☆	☆☆☆☆☆	☆☆☆☆☆
实践能力	☆☆☆☆☆	☆☆☆☆☆	☆☆☆☆☆	☆☆☆☆☆	☆☆☆☆☆
展示能力	☆☆☆☆☆	☆☆☆☆☆	☆☆☆☆☆	☆☆☆☆☆	☆☆☆☆☆
评价能力	☆☆☆☆☆	☆☆☆☆☆	☆☆☆☆☆	☆☆☆☆☆	☆☆☆☆☆
拓展能力	☆☆☆☆☆	☆☆☆☆☆	☆☆☆☆☆	☆☆☆☆☆	☆☆☆☆☆

根据评价情况给五角星涂色，最佳为5颗星。

第三节　设计制作类项目教学方法

在我们进行设计制作类综合实践活动教学前，我们得弄清楚两个概念。

第一，究竟什么是设计制作类项目教学方法，所谓教学方法，即由教师的教法和学生的学法两大方面组成。设计制作类项目教学方法是，在综合实践设计制作类主题活动的教学过程中，教师基于学生的前概念、前技能等认知，选择一个适合学生当前知识结构的设计制作作为任务主题，或者提供一些设计制作的情景供学生选择，以学生为主体，教师引导学生进行自主学习。

第二，这个综合实践设计制作类主题活动为什么要用项目教学法。是学生或教师的需要？还是学生的能力和水平到达一定程度，需要新的教学方法来培养和巩固其核心素养？项目教学法作为一种教学方法，它能及时检查学生的学习效果、学生是否能将理论应用于实践、学生是否提高了思维和动手能力。

以设计制作为主要活动形式的综合实践主题活动，十分适合项目教学法。项目教学法让学生在教师的引导下自主学习，通过确定项目（即选定主题）、制订计划、项目实施、总结整理、交流评价等环节，培养自身的核心素养，从而让自身形成基本的科学观念，从中培养自身的科学思维能力、科学探究实践能力及正确的科学态度与社会责任。这是教育部以新时代中国特色社会主义思想为指导，全面落实立德树人根本任务，在2022年3月25日印发的《义务教育小学科学课程标准（2022年版）》中的课程目标；也是2017年《中小学综合实践活动课程指导纲要》中的课程目标：让学生获得丰富的实践经验及形成相关整体认识，令其具有价值体认、责任担当、问题解决、创意物化等方面的意识和能力。

下面我们通过两个方面谈谈项目教学法在设计制作类综合实践活动中的实

施策略。

一、设计制作类项目式学习过程

选定主题、制订计划、项目实施、总结整理、交流评价等项目式学习过程，运用项目教学法对设计制作类综合实践活动——进行实践。

（一）选定主题

综合实践活动是从学生的真实生活和发展需要出发，从生活情景中发现问题，转化为活动主题。选定主题是综合实践活动的首要环节。设计制作类综合实践活动是学生通过从生活情景中发现设计需求，设计制作能解决需求的作品。我们既可以构建真实的问题情境，引导学生通过观察、思考，形成解决问题的方法和策略，让学生确定能解决问题的设计制作任务主题；又可以根据学生的知识经验和认知水平，提供既有科学性又有趣味性的设计制作任务题目供学生选择，引导学生从以下三方面考虑及选择自己的设计制作任务主题：

（1）此设计制作任务是自己小组喜欢或感兴趣的吗？

（2）此设计制作任务所需的耗材及工具是自己小组可以找到的吗？如何找到相关耗材及工具？

（3）此设计制作任务所需的科学观念、设计及工程技术是自己小组已经具备的吗？如何具备？

如果我们选择构建真实的问题情境给学生，我们可以这样做：①问题情境从日常新闻出发，如设计沙井盖的问题情境：暴雨从昨日清晨时分开始降临我市，多处道路出现了短时积水，导致车辆熄火及相关群众被困；②问题情境从学习生活出发，如设计多功能文具的问题情境：学生及时了解，定时地完成某项作业。

如果我们选择提供设计制作任务清单给学生，我们可以这样做：①小学设计制作任务，我们可以参考粤教科技版小学科学教材中的做纸杯、绕纸绳、钓鱼玩具、喷气小车、纸陀螺、自制小喷泉、简易肺活量计、风向标、雨量计、沙井盖、梁桥、保温盒、多功能文具、鸡蛋包装盒等教学内容；②中学设计制作任务，我们可以参考2017年《中小学综合实践活动课程指导纲要》中的中小学综合实践活动推荐主题，如我是服装设计师、模型类项目的设计与制作、生活中的仿生设计、生活中工具的变化与创新、组装机器人等。我们也可以参考《义务教育小学科学课程标准（2022年版）》中的水火箭、智慧城市模型、设计制作一座桥、制作新型液体密度测量工具、长期低头看手机的危害等主题或案例。

（二）制订计划

学生选定主题后，我们要引导学生制订相关计划。在设计制作中，制订计划是指设计制作作品的解决思路、设计图，以及设计制作作品所需的材料工具和责任分工。我们是这样引导学生制订计划的，具体如下。

（1）我们引导学生写出作品的解决思路；用小组的方式引导学生对解决思路进行讨论及思辨，从而选出最优方案，并提出最优方案的选择依据，即为什么选择将此方案作为最优方案，其解决思路，如图2-3-1所示。

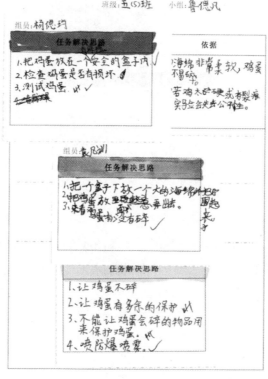

图2-3-1

（2）设计思路讨论：用"用什么？""怎样做？""选材有何要求？""技术有什么要求？"等问题引导学生讨论"怎样设计制作作品"，其设计思路，如图2-3-2所示。

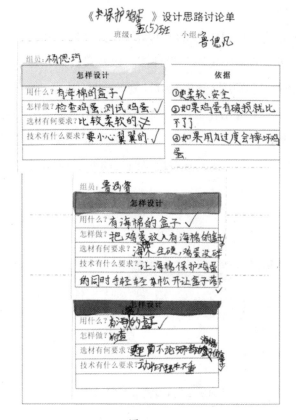

图2-3-2

（3）设计图：用画物体的三视图、立体图或作品故事板等，引导学生进行图文并茂的作品设计，让他们对设计图进行讨论，并选出满足设计需求的最佳设计图方案，如图2-3-3所示。

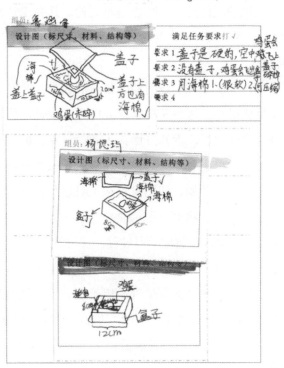

图2-3-3

（4）用多格漫画、清单列表法的方式，将制作步骤、分工、耗材、工具等一一呈现出来。

（三）项目实施

项目实施是综合实践活动中最关键的部分。在设计制作中，项目实施是指作品的制作过程、作品的测试方法讨论、作品的测试情况分析、作品的改进方法。我们是这样引导学生进行项目实施的，具体如下。

（1）学生根据自己的设计图制作作品时，我们要多去了解学生的制作进度以及有没遇到什么技术难题，从而引导学生提高制作时效，更好更快地制作作品。

（2）作品测试环节，引导学生讨论测试方法，让学生根据技术需求选择适合的方式方法，并说出选择依据。

（3）记录作品的测试情况，引导学生独立分析测试情况，再让他们进行相关讨论，为下一步改进做准备。

（4）根据作品测试情况的分析，小组进行讨论，选择未达到设计要求的地方，或选择需要进一步提升设计需求的地方，继续讨论并选出最优的改进方法。

（四）总结整理

总结整理是学生在本次综合实践活动中收获的成果。在设计制作中，学生除了收获物化的作品成果外，还提升科学探究能力、设计制作的实践能力和自主学习能力，这些能力体现在以下几方面：了解设计制作的一般过程和方法，针对实际需要明确问题，提出有创意的方案，并根据科学原理或材料工具的限制条件进行筛选；实施制作计划，使用材料和工具进行设计制作；根据实际效果进行改进迭代；用自制的实物模型展示设想、解决问题、满足需求等；自主确定学习目标、选择学习策略、监控学习过程、反思学习过程与结果。

我们要引导学生注意以下几点：作品的实用性、工艺技术水平，作品制作报告过程的完整性，原始资料是如何呈现小组解决技术难题的过程，海报展板或幻灯片PPT是如何呈现"这个作品是什么""怎样设计制作这个作品""为什么要设计制作这个作品"及如何用海报展板展示作品的创新性、实用性。

（五）交流评价

交流评价是综合实践活动中的重要内容。交流评价的首要功能是让学生及时获得关于学习过程的反馈，改进后续活动。要避免评价过程中只重结果、不重过程的现象。

交流评价在设计制作中主要指学生的自评与互评以及与他人的交流活动。我们要引导学生一起讨论评价标准，如什么是可以研究的问题？什么是好的设计作品……促进学生对评价标准的理解和内化。我们还要引导学生明白，评价的结果最好不要简单地用等级或分数表达，而是采用质性描述的方法，如小组展示方面：展示人说话的声音响亮，有明显的声调变化；科学性及安全方面：设计作品有科学原理支撑，探究方法正确，符合科学理念。等级分数不能向学生提供诊断和改正的有用信息，而质性的描述可以让学生具体地知道自己的学习情况，找到努力的方向，并制订小组交流评价量表，具体见表2-3-1。

表2-3-1

选项	标准		达标		有更大的进步空间		得分
小组展示	展示人说话的声音响亮，有明显的声调变化		展示人说话的声音能被听见，但含混不清，说得太快或太慢、声音太小、大声喊叫或声音低沉，声调平淡；但不影响理解		展示人说话含混不清，说得太快或太慢、声音太小、大声喊叫或声音低沉，声调平淡无力；以至于影响理解		
	10☆	8☆	6☆	5☆	4☆	3☆	
	展示人带着微笑，面对观众展示，站姿自然，用适当的身体语言及眼神与观众交流		展示人面对观众展示，有时会出现不适当的身体语言及眼神		展示人心不在焉，身体僵化刻板，从不注视观众		
	10☆	8☆	6☆	5☆	4☆	3☆	
	展示人用完规定的时间（5分钟）但没有讲太久（一共6分钟）		展示人用时较长（8分钟）或较短（4分钟）		展示人用时太长（10分钟）或太短（2分钟）		
	10☆	8☆	6☆	5☆	4☆	3☆	

二、项目活动内容教学设计

设计制作的项目活动内容，需要基于学生的认知水平和知识经验，科学安排学习进阶，具体有两方面内容：一方面是学习内容由浅入深，由表及里、由易到难；另一方面是学习活动从简单到综合。将学习内容和学习活动有机整合，规划适合不同学段、螺旋上升的课程目标和课程内容，设计适合不同学段的设计制作内容和实践活动，形成有序递进、系统的课程结构。下面，我们从整合教材，结构重组等几个方面，谈谈粤教科技版《科学》六年级下册《小小设计师》的教学设计优化策略。

（一）整合教材，结构重组

技术与工程领域是《义务教育小学科学课程标准（2022年版）》提出的新的学习领域，其在课标中的科学探究目标为：设计需求、方法构思、设计草图、制作测试、评价改进，如图2-3-4所示。2017年的《中小学综合实践活动课程指导纲要》提出，设计制作是综合实践活动的主要方式之一，是指学生运用各种工具、工艺进行设计，并动手操作，将自己的创意、方案付诸实施，转化为物品或作品的过程。它注重提高学生的技术意识、工程思维、动手操作能力，它鼓励学生手脑并用，灵活掌握、融会贯通各类知识和技巧，提高学生的技术操作水平、知识迁移水平。

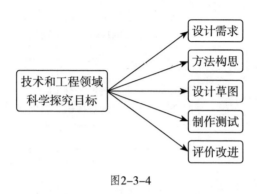

图2-3-4

根据科学课程标准和综合实践活动课程指导纲要的要求以及设计制作、技术与工程它们相互间的紧密联系，我们需针对教材欠缺的素养、内容和活动，进行整合重构，从而明确教学内容，即整合教材，结构重组，如图2-3-5所示（以粤教科技版《科学》六年级下册《小小设计师》为例）。

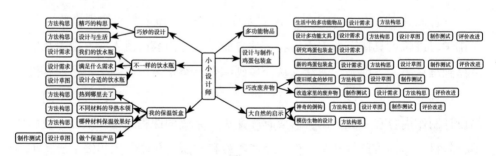

图2-3-5

（二）遴选知识，体现巧妙

由于设计制作以学生自主学习、动手实践为主，教师引导为辅，我们选择教学知识点时，要注意以下几点：①知识点是否可以设计成学生能自主学习、动手实践的教学活动；②知识点要与学生的日常生活有关；③活动器材要在家中或学校中容易找到。

我们要尊重规律，由浅入深，有序、巧妙地进行教学。例如，在教学内容

"精巧的构思"中，课本只是安排将回形针与铁夹进行优缺点比较，以及通过观察回形针找出回形针的巧妙之处的知识点活动，没有更好地吸引学生进行自主学习、动手实践。我们对此知识点活动进行重新设计，以"探究固定纸张的方法"为知识点活动，如遴选知识，体现巧妙，如图2-3-6所示，选择家中常用的针、绳、回形针作为探究器材，利用活动让学生建构"比较器材与方法的优缺点"，从而进一步让学生推出"回形针设计的巧妙之处"的知识点。

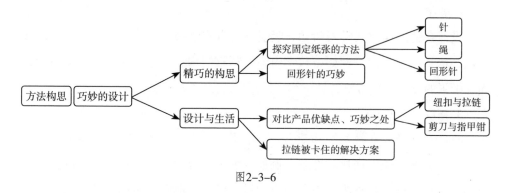

图2-3-6

（三）呈现多样，乐于分享

科学课程标准指出，探究式学习是学生学习科学的重要方式，它是在教师的指导、组织和支持下，让学生主动参与、动手动脑、积极体验，经历科学探究的过程，以获取科学知识，领悟科学思想，掌握学习科学方法为目的的学习方式。

为了增加学生自主学习、动手实践的时间，我们采取"推送资源+导学单+答疑"的课堂呈现方式，以探究式学习形式在导学单上组织和引导学生进行设计制作的学习。学生呈现的方式多种多样，有的画画、有的录视频、有的做海报、有的还做思维导图；学生主动参与、动手动脑、积极体验，经历了"小小设计师"的过程，获取了技术与工程知识，领悟了技术与工程思想，掌握了技术与工程方法。

（四）精简过程，注重实践

教学过程是一次完整的课堂教学安排，包括导入、教学、拓展等。教师在设计制作教学设计中必须考量整个过程，在有限的时间内，安排好导入、教学、拓展过程，通过教学设计方法，将教学内容完整、精练地呈现给学生。

1. 导入

以设疑、情景故事等有趣的形式导入，以激发学生的好奇心和兴趣等，从而引出相关教学活动。例如，教学内容"精彩的构思"中的前言引入所述，自从人类发明了文字，也就出现了各种书写材料，有了它们，我们就能更好地记录和传承文明和传统。纸张的出现，使文字得到更好的记录和保存。如何保存大量的纸张？固定纸张的问题便凸现出来了。

2. 教学

设计合适的探究式学习活动，吸引学生自主学习、动手实践，从而掌握知识点，达到探究目标。例如，教学内容"精彩的构思"中的探究式教学活动，固定纸张的几种解决方法：针、绳、回形针。

3. 拓展

拓展是在导入和教学的基础上，对学生进一步的启发，提高学生的思维能力水平，为下节课做铺垫和准备。例如，教学内容"精彩的构思"中的拓展，回形针为什么能夹紧纸张？教学内容"做个保温产品"中的拓展"生命教育：危急情况下保存体温"。

（五）导学推进，培养思维

导学单是我们探究式学习常用的工具，它可以看到每个使用者的思维变化过程。方便学生记录思维过程、进行数据记录和对比、得出结论的导学单才是实用的导学单。在制作实用的导学单时要注意以下几点。

（1）利用适当的表格或思维导图引导学生，如方框与表格，见表2-3-2，方便学生记录思维过程、进行数据记录和对比、得出结论。

表2-3-2

探究饮水瓶	爸爸的	妈妈的	我的
制作的材料			
优点			
缺点			
（采访使用者）基于什么理由选择这种瓶			

（2）导学单的开放度要得当，活动设置及填写要贴近学生生活，简单但有

一定难度；各个环节要有递进性，一环接一环。

（3）导学单要为技术与工程领域的科学探究目标服务，让学生一步一步地达到目标：设计需求、方法构思、设计草图、制作测试、评价改进。例如，精巧的构思、设计与生活等为设计多功能文具服务。

第四节 劳动教育类项目教学方法

劳动实践是实施劳动教育的重要途径，更是综合实践活动教学的重要形式之一，在综合实践活动课程中开展劳动实践项目是完全可行的，通过具体的劳动项目整合综合实践活动和劳动课程，实现跨学科整合教学。劳动实践具有鲜明的思想性、突出的社会性和显著的实践性，在劳动教育中发挥着主导作用。义务教育劳动课程以丰富开放的劳动项目为载体，重点是有目的、有计划地组织学生参加日常生活劳动、生产劳动和服务性劳动，让学生动手实践、出力流汗、接受锻炼、磨炼意志，培养学生正确的劳动价值观和良好的劳动品质。

目前，中小学劳动课程内容和综合实践活动课纲列出的主题项目，有很多交叉和重叠，劳动课程共设置十个任务群，每个任务群由若干个项目组成，这些项目既是劳动实践又是综合实践活动，没有必要刻意区分，完全可以整合在一起进行教学。劳动课程的日常生活劳动包括清洁与卫生、整理与收纳、烹饪与营养、家用器具使用与维护四个任务群。生产劳动包括农业生产劳动、传统工艺制作、工业生产劳动、新技术体验与应用四个任务群。劳动项目是落实劳动课程内容及其教育价值，体现课程实践性特征的，这些任务群完全可以在综合实践活动项目教学中实施，从而实现"做中学""学中做"的育人功能。

劳动能力的增强离不开劳动项目过程中的问题解决，而问题解决的过程是学生在劳动项目过程中发现并提出问题、分析问题、解决问题的过程。中小学劳动教育的实施，一方面要传授给学生相应的劳动知识和技能，而劳动知识和技能的习得应该是学生通过劳动项目主动建构和形成的，而不是通过被动灌输得到的；另一方面，通过解决劳动过程中的问题，培养学生不怕苦，不怕累，孜孜以求追求真理的劳动精神。项目学习是培养学生劳动素养的最佳途径，学

生在项目学习中获得的劳动知识与技能，会在新的劳动情境中得到迁移。如图
2-4-1所示，是劳动教育类项目学习的简化版。

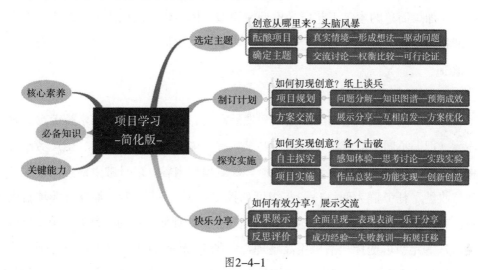

图2-4-1

一、劳动项目设计

劳动项目设计包括制定项目目标、选择项目内容、确定劳动场域、明确项
目过程、提炼项目操作方法等。如图2-4-2所示。

制定项目目标　　选择项目内容　　确定劳动场域　　明确项目过程　　提炼项目操作方法

图2-4-2　劳动项目设计

（一）制定项目目标

在明确劳动课程目标、学段目标及项目目标关系的基础上，结合项目对应
的具体任务群的课程内容要求，制定具体项目目标。项目目标的制定要精确、
具体、可操作，力求最大限度地反映劳动项目实施的预期结果和学生身心方面
的变化，注重劳动观念、劳动能力、劳动习惯和品质、劳动精神的有机融合。
以木工工艺作品设计与制作项目为例：5—6年级，可确定项目目标为学会识读
简单木工工艺作品图样，选择合适的手工工具和技术，制作简单的木工工艺作

品，感受作品完成后的喜悦与成就感，形成安全劳动、规范操作的意识；7—9年级，可确定项目目标为能够根据需求，识读并绘制简单木工工艺作品图样，设计并加工简单的木工工艺作品模型或原型，体验作品的创作过程，逐步养成合理利用材料、环保节约的劳动习惯，树立产品质量意识，培养精益求精的劳动精神。

（二）选择项目内容

针对不同学段学生的经验基础和发展需要，考虑区域特点和学校劳动教育环境，把握不同学段劳动素养培养要求，围绕体现日常生活劳动、生产劳动、服务性劳动的十个任务群，合理选择和确定项目内容。以日常生活劳动中"整理与收纳"任务群为例：1—2年级可选择"笔袋整理""书包整理"等项目内容，3—4年级、5—6年级可选择"整理衣橱""清理使用过的教科书"等项目内容，7—9年级可选择"书房用品整理与收纳""教室的装饰与美化"等项目内容。从学生个人的学习用品整理摆放逐步过渡到对家庭或者教室等较大空间的整理与美化，从单一到综合，从简单到复杂，逐步发展学生的空间规划能力和整体筹划能力，体现不同学段的纵向衔接与递进关系。

（三）确定劳动场域

劳动场域是项目实施的基础条件。在实际操作过程中要根据不同的项目科学、合理地确定劳动场域，包括劳动场所、工具设备、材料及劳动文化氛围等。劳动场所是指工厂、农场、专用教室等适合不同劳动项目的场所；工具设备主要指完成项目必需的劳动工具与设备；材料是项目操作过程中需要使用的消耗性物品及安全防护用品等；劳动文化氛围主要指劳动场域中与相应项目相关的文化元素，包括张贴的标语牌、模范人物挂图、操作规程图、劳动任务统计表等。

（四）明确项目过程

项目过程可分为明确任务、劳动准备、制订计划、组织实施、交流评价等环节。明确任务环节是指在教师的指导下，学生全面了解劳动任务的目的、要求、成果形式、评价标准等，学会对项目进行任务分解；劳动准备环节要让学生针对具体的劳动任务，了解和熟悉劳动工具与材料、劳动场所及劳动过程所需的基本知识与技能等；制订计划环节要引导学生在统筹各种资源的前提下，确定劳动的程序和步骤，制订合理的劳动计划；组织实施环节要让学生按照制订的劳动计划，有步骤地开展劳动活动，体验完整的劳动过程；交流评价环节要让学生对自己的劳动成果进行自我评价、同学间交流展示、师生共同讨论等，要让学生在学会劳动的同时，体会劳动成果来之不易，懂得珍惜自己和他人的劳动成果。

（五）提炼项目操作方法

项目操作方法是学生完成劳动任务、形成劳动感悟的重要基础和前提。在设计项目时，教师要对项目操作的主要方法加以提炼。例如，饮食制作中的煎、蒸、炖等烹饪技法，木工工艺作品设计与制作中的锯、刨、凿等加工方法，刚连接、铰连接等连接方法。这些方法需要学生通过模仿、巩固等真正掌握。教师要充分考虑学生实践时可能遇到的困难、陷入的误区及存在的安全隐患，做出示范和指导，提出解决问题的策略，确保劳动项目的顺利实施和劳动课程目标的实现。

二、劳动项目过程

（一）明确任务

（1）让学生在感受劳动教育的同时，学习人工智能知识与场景应用。

（2）通过PBL（Problem-Based Learning，问题驱动教学法）项目式学习，关注传统劳动中存在的可以改进的方向或问题，完成AI（Artificial Intelligence，人工智能）作品的制作。

（3）培养学生多学科综合运用能力，项目化学习能力、实践能力、设计思维、创新精神以及问题探究意识。

（4）弘扬劳动精神，今后能够辛勤劳动、诚实劳动、创造性劳动。

（二）劳动准备

1. 劳动预约

提前联系劳动场地、预约劳动项目及访谈等相关事项。

2. 劳动工具准备

列出劳动实践物品清单、准备好劳动工具。

3. 了解劳动环境

提前了解劳动期间的天气情况，做好防雨、防晒、防蚊等准备。

4. 劳动形成规划

提前了解所在位置的规划路线，落实交通方式和出行方式，确定集合的时间与地点。

（三）组建团队

为了更好地开展项目学习，要根据学生的兴趣与特长组建项目团队，一般由3~6人组成。团队组建好后，还要推选出组长、取组名、拟定团队口号，并进行小组成员分工。

（四）组织实施

1. 劳动实践

（1）参观走访劳动场所。

与场所人员详细交谈，了解员工工作情况、工农业收成情况以及工农业生产过程中出现的问题。例如，稻田里有很多杂草，难以识别且无法接近，如何帮助农民高效解决这个问题？流水线上的产品有些质量比较轻的次品，如何帮助工人高效而快速地将次品分拣出来？

（2）劳动知识与技能的学习。

巡场参观、认识劳动场所的各种生产工具及生产对象，了解生产对象的情况。

认识并了解劳动工具及使用规范，学会正确、规范、安全地使用劳动工具。

例如，采摘草莓的工具很容易夹伤草莓，如何对工具进行改进？工人佩戴的头盔晚上能否自动亮灯？通过培养学生规范使用工具的习惯，提升其劳动安全意识。

（3）参与劳动实践。

实地参与农田的插秧、割稻谷、给菜地浇水等活动；实地参与创意摆件的制作、电子玩具的拼装等活动。通过亲身劳动培育学生"劳动最光荣、劳动最崇高、劳动最伟大、劳动最美丽"的新时代劳动观，养成良好的劳动习惯，提升劳动素养和技能。

2. 选定主题

劳动能力的增强离不开劳动过程中的问题解决，而问题解决的过程也是发现问题、分析问题、解决问题的过程。中学阶段劳动教育的实施，一方面要基于学生劳动技能的习得与提高，在此基础上采用一定的方法进行探究学习、探究实践；另一方面也要关注中学生的心理特点，鼓励其对劳动过程中的技术问题、疑难问题等不灰心、不逃避，通过学习、练习和坚持，最终解决问题。

中小学阶段劳动教育项目的设置，应增加技术问题解决的环节和步骤，使学生能经常运用常见技术解决生活中遇到的问题。在劳动教育中既要利用传统技术培养学生的基本素质，又要使学生掌握一些高新科技领域的知识，形成技术意识和创新精神，更好地解决实际生活中的劳动问题。劳动教育要使学生掌握生活劳动、简单的生产劳动和自我服务性劳动的基本知识和方法，以及现代生产的基本原理和方法。

（1）发现问题。

总结劳动实践过程中出现的问题，提升从劳动实践中发现问题的能力。

（2）头脑风暴找痛点。

通过头脑风暴，小组成员畅所欲言，找到劳动实践过程中的"痛点"。所谓"痛点"就是影响劳动效率、亟须解决的问题。例如，香蕉分拣中，人工判断香蕉的成熟程度效率比较低，那么，这就是香蕉分拣中的一个"痛点"。

（3）查阅资料。

对具体的某个"痛点"，去网络上查找相关资料，看看有没有合适的解决方法；如果有合适的解决方法，看看是否适用于具体的劳动场景；如果没有，可以咨询专家。

（4）归纳合并。

通过对收集到的资料进行归纳整理，提炼劳动问题。

（5）问题聚焦。

针对发现的问题，进行分析与讨论，确定与团队研究的核心问题。

① 小组可行性分析。

小组内部讨论，该问题是否具有可行性和可研究的价值。

② 导师评审。

导师对小组的选题进行评审，给出该问题是否可行的判断。如何选定选题如图2-4-3所示。

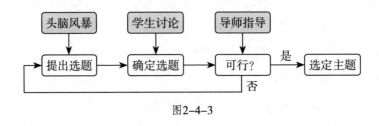

图2-4-3

3. 制订探究计划

提前制订探究计划，让团队成员了解整个探究过程，便于劳动问题的顺利解决。制订计划包括项目规划、方案交流和活动探究。

（1）项目规划。

以小组为单位，学生围绕本组自定主题，对项目提出详细的规划，制订实施策略和方案，画出设计草图，提出预设功能或目标，并按各自特长分工协作。

（2）方案交流。

教师组织并指导学生对各组的设计方案展开交流，通过讨论、启发形成可以真正实施的项目优化方案。

（3）活动探究。

面对真实项目，可能有许多问题用学生已经掌握的知识、技能并不能解决，因此，教师必须引导学生通过活动探究获得新的、有助于解决问题的信息。活动探究的方式包括观察、思考、交流、分析、讨论、阅读、拓展、调查、实验、实践、体验等。

4. 明确目标、拆解问题

拆解问题的目的为学生项目学习提供了学习支架，劳动教育类项目在学习中的驱动性问题往往比较大，学生一时难于下手，所以将驱动性问题进行分解有助于学生从小问题入手，进而解决大问题。

下面以案例：《基于图像识别的野泳监测系统》为例进行说明。

（1）项目背景。

学生首先体验巡河员的工作，在河道两旁巡查：监测是否有学生下河游泳，如果有，及时劝阻或对其驱离。

（2）发现问题。

巡河效率较低，且无法实现24小时不间断实时监测，容易出现时间、空间上的盲点。

（3）提出项目核心问题。

如何设计一个能高效减少野泳溺亡事故的监测系统？

（4）将驱动性问题进行分解如下。

子问题1：造成溺水事故的原因有哪些？

子问题2：当前河道管理措施的弊端有哪些？

子问题3：AI技术相比其他技术措施有什么优势？

子问题4：如何将AI技术应用于野泳防治？

子问题5：该系统还能如何拓展？

（5）数据采集。

去河道进行数据拍摄和采集，即拍摄1000张以上的河道人员的照片，作为原始数据，当然也可以在网络上收集相关图片。

（6）模型训练。

采用人工智能技术，对数据进行建模和训练，通过代码编程和外观结构搭建完成劳动项目作品。

三、劳动项目评价

（一）评价理念

劳动教育评价提倡学习结果与学习过程、劳动素养发展与整体素养发展统一，既关注学生实践技能的习得、学习内容的掌握情况，又关注学生劳动知识、方法、态度的动态发展情况。

1. 评价主体多元化

评价主体由学生自己、小组成员、教师、家长等组成。劳动教育的主要目的是培养学生的劳动素养。学生自评是评价学生的主观感受，是否热爱劳动和劳动人民等；小组评价主要评价是否能与他人合作劳动、是否保质保量完成劳动任务；教师主要评价创意作品设计方案的优劣、劳动技能的熟练程度等；家长主要评价学生经过学校劳动教育校本课程的学习后，劳动素养有没有发生迁移，即对于家务劳动的态度和主动做家务劳动的频次变化等。

2. 劳动教育类项目学习评价

劳动教育类项目学习以劳动素养的评价为主，但还要有项目学习能力的评价，如合作能力、项目规划与设计能力等素养方面的评价。劳动教育类项目学习的评价如图2-4-4所示。

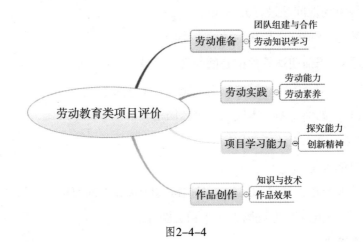

图2-4-4

3. 评价实施

学生根据自己的实际情况，填写自我评价，见表2-4-1；他人评价，见表2-4-2。

表2-4-1

评价项目	自我评价
学会了创意制作	☆ ☆ ☆ ☆ ☆
学会使用常用工具	☆ ☆ ☆ ☆ ☆
劳动过程中有安全意识	☆ ☆ ☆ ☆ ☆
工作台整齐、有序，环境干净、整洁	☆ ☆ ☆ ☆ ☆

表2-4-2

评价项目	他人评价
工作积极主动	☆ ☆ ☆ ☆ ☆
能够与小组成员合作	☆ ☆ ☆ ☆ ☆
能熟练使用工具进行创意制作	☆ ☆ ☆ ☆ ☆
创意作品美观，具有一定的趣味性或实用性	☆ ☆ ☆ ☆ ☆

（二）家校联动齐评价

1. 创意制作增进亲子交流

为了建立学校与家庭劳动教育的联动机制，建立了劳动教育的沟通交流渠道。每周三，劳动教育指导教师都会通过微信群向家长布置学生每周要完成的、有针对性的创意制作任务。家长和学生都积极参与：一起观看学习的微课、浏览相关网站；一起寻找要用到的零件和设备；一起参与制作作品；完成后用手机拍摄作品简介演示。创意作品制作，是一次亲子交流，家长和孩子的动手能力有了很大的提高，因而广受家长们的好评。

2. 家长反馈学生在家庭的劳动情况

为了检验学生是否能将劳动素养迁移到家务劳动中，我们开展了学生参与家务劳动的实践反馈表，主要考察以下几方面内容：一是学生对于劳动的观念和态度，如对待小区保洁人员的态度，家务劳动是主动做还是被动做，等等；二是学生是否具备一定的劳动知识和技能，能够完成诸如炒菜、养花、简单维修等工作；三是学生是否有劳动的习惯，是经常做还是偶尔做等。

家长每月上交一次家庭劳动实践反馈表。经过一个学期的试行，家长们普遍反映：学生参加了学校的创意制作校本课程的学习后，在家里能够积极主动地参与劳动，尊重劳动成果和普通劳动者。

四、劳动教育项目开发注意事项

（一）项目安排

项目安排依据三大类劳动教育内容及十个任务群在各学段的分布设计，总体体现"整体规划、纵向推进、因地制宜、各有侧重"的原则。依据学段任务群所体现的课程内容要求，选择和确定所需实施的任务群，整体安排每个学段的项目，体现项目在不同学段的纵向衔接与递进关系。考虑到一些工农业生产和工艺制作项目周期较长、耗时较多，要持续地学习与实践，学校可以从学生的兴趣和学校实际出发，以学年为单位安排项目。

（二）强化劳动与教育的有机统一

项目开发既要关注劳动知识和劳动技能的学习，更要关注劳动价值的引领、劳动精神的培育。要结合不同学段学生身心发展的特点，考虑项目的劳动强度和实施方式的适宜性，如小学入学适应期的项目设计与实施要考虑劳动教育的启蒙性和趣味性。要引导学生从现实生活中的劳动需求出发，设计劳动方案，综合运用所学知识和技能解决问题，完成真实、综合的实践活动，激发学生的主动性和创造性。还要将劳动内容与当地的传统文化相联系，让劳动教育成为激发学生学习中华优秀传统文化、树立民族自豪感的重要渠道。

（三）注重项目与其他课程的紧密结合

在具体项目实施过程中灵活运用其他课程的知识进行劳动实践，提高学生的综合素质，发挥劳动育人功能。例如，在开发农业生产项目时，可与科学、地理、生物学、化学等课程中相关知识的学习进行有机整合；在开发传统工艺制作项目时，可与艺术的造型知识，物理、化学的材料知识相联系。

（四）关注课外、校外劳动实践体验的有效拓展

充分利用课外、校外劳动实践场所，自主开发项目，满足多样化的劳动实践需要，将劳动教育与学生个人生活、校园生活和社会生活有机结合，丰富劳动实践体验，让学生养成良好的劳动习惯和品质，深化其对劳动价值的理解。例如，结合校园环境维护，开发"冬季校园树木维护"项目；结合志愿服务劳动，开发"社区公共卫生维护"项目。

第三章

③

综合实践

活动项目教学案例展示

第一节　考察探究类项目案例

案例1　珠江水系咸潮对中山市自来水系统
危害及对策探究

【课题产生】

目前，我国人口稠密、经济发达、重要的商贸城市和工业区多集中在河口地区，如上海、广州、深圳等经济发达的城市。珠江三角洲地区是我国改革开放的先行地区，是我国重要的经济中心区域。水是这一类地区基础性的自然资源和战略性的经济资源，是经济安全、环境安全等公共安全的重要物质基础。但是近年来，淡水资源短缺的问题日益突出，咸潮的危害也日益加大。咸潮，或称盐水入侵，是外海大陆架高盐水团沿着河口的主要通道非正常地向上游淡水区推进，盐水扩散、咸淡水混合造成上游河道水体变咸，从而对淡水资源构成威胁，咸潮对居民生活用水、农业用水、城市工业生产及发展都有相当大的影响。根据我国现行《生活饮用水水源水质标准》，当河道水体含氯度超过250mg/L（约相当于0.005%含盐度），就不能满足供水水质标准，影响城镇生活用水、工业供水及农业灌溉。钢铁工业生产要求总盐度不能超过20mg/L，电厂锅炉用水要求氯化物含量在300mg/L以下；水稻育秧期则要求氯化物含量低于600mg/L；目前现有制水工艺消除氯离子较为困难，如果长时期饮用含氯化物水对人体健康有较大影响。这些知识是中山市第一中学科普协会在收集课题资料时整理出来的，由此产生了本课题。如图3-1-1所示。

图3-1-1

我们收集了如下资料，如图3-1-2所示：自2003年以来，珠江流域持续干旱，江河水位显著偏低，咸潮水倒灌，给珠江河口的中山、澳门、珠海、广州等地造成了巨大的经济损失和社会影响，给广大市民的生产生活带来了诸多不便。2004年秋末以来，珠江流域旱情更为严重，珠江三角洲咸潮提早出现。据分析，2012年春季珠江三角洲地区咸潮影响为近20年来最为严重的一次，澳门、珠海、中山、广州等地的供水安全受到严重威胁，沿岸部分水厂取水口含氯度超过饮用水水质标准的30倍，连续一个月不能取水，严重威胁上千万人的饮水安全，社会影响巨大，引起国务院和港、澳特区政府的高度重视。

图3-1-2

本研究课题的提出，主要源于以上原因，也包括如何通过自来水公司的改造，减少咸潮危害。

【研究现状】

20世纪80年代我国开始在河口咸潮理论和模型方面研究，起步相对于国外较晚。我国咸潮研究成果主要集中在长江河口，早期的研究大都是基于实测资料分析咸潮的规律。学者沈焕庭等阐述了长江河口咸潮的时空变化规律，并探讨了论证中的南水北调工程对盐水入侵可能产生的影响，这是对长江河口咸潮最早的系统性研究。之后不少学者对河口盐水入侵的规律和机制进行了更为深入的研究，探讨了盐水入侵对淡水资源的影响，对河口盐淡水混合机理开展了一定的研究，分别采用多元回归与相合非参数回归、多段线性模型、谱分析、马尔可夫模型和人工神经网络法进行了咸潮的预报研究。

珠江是我国七大江河之一，河道纵横交错，河口岸线曲折、岛屿众多，水系复杂，素有"网河如织，八口入海"之说，被认为是世界上最复杂的河口之一。相对于长江河口而言，由于其复杂性，珠江河口咸潮的相关研究非常少，但由于近年来咸潮导致的问题越来越严重，日益受到人们的关注。

我们将调查、实验、模型制作相结合，圆满完成了课题。

【查找信息】

通过查资料，我们了解到：珠江流域是中国流量第二的江河，是七大江河之一，由西江、北江、东江及珠江三角洲诸河等四个水系组成，流经云南、贵州、广西、广东、湖南、江西六省（自治区）和越南东北部，香港与澳门特别行政区也在其流域范围内，流域总面积45.37万平方千米。

珠江河口由八大口门组成，东面四口门自东而西是虎门、蕉门、洪奇门、横门，同时注入伶仃洋河口湾；西四口门自东而西为磨刀门、鸡啼门、虎跳门和崖门，其中磨刀门直接注入南海，鸡啼门注入三灶岛与高栏岛之间的水域，虎跳门和崖门注入黄茅海河口湾。八大口门动力特性不尽相同，虎门和崖门以潮汐作用为主，其他各口门则径流动力较强。

面对河口咸潮这一复杂的课题，我们在前人研究的基础上，针对上述研究的难点和不足，调查了横门水道和伶仃洋河口湾，研究和改进自来水系统方法，以提高自来水质量，并将其应用于珠江河口，进行珠江河口咸潮的相关研究。

珠江三角洲河道纵横交错，水沙互相灌注，与19世纪80年代以前相比，近年来各口门的径流量分配比发生了较大变化。根据1985—2000年资料统计分析，八大口门多年平均径流分配比为：虎门24.50%、蕉门16.8%、洪奇门7.2%、横门12.5%、磨刀门26.6%、鸡啼门4.0%、虎跳门3.9%、崖门4.5%。

珠江河口的潮汐为不规则半日混合潮型，一天中有两涨两落，半个月中有大潮汛和小潮汛，历时各三天。在一年中夏潮大于冬潮，最高、最低潮位分别出现在春分和秋分前后，且潮差最大，而夏至、冬至潮差最小。因受汛期洪水和风暴潮的影响，最高潮位一般出现在6~9月，最低潮位一般出现在12月至次年2月。

珠江八大口门平均潮差在0.85~1.62m之间，属于弱潮河口，咸潮活动特征咸潮受涨、落潮流和径流大小的影响，珠江河口区盐度具有明显的日、半月、季节周期性变化。珠江河口存在明显的日潮不等现象，一日内两次高潮对应两次最大含盐度、两次低潮对应两次最小含盐度；一般含盐度的最大值出现在涨停附近，最小值出现在落憩附近；含盐度一般朔望大潮较大，上下弦潮较小；汛期雨量增多，上游来水量大，咸界下移，大部分水道受淡水控制，这些都是学生们通过实地考察了解到的，如图3-1-3所示。

图3-1-3

【调查原因】

我们对中山市所在的珠江口进行了广泛调查，我们发现咸潮的产生是很多原因综合作用的结果。我们在中山和珠海多处取水样调查，如图3-1-4所示。

图3-1-4

咸潮是外海大陆架高盐水团沿着河口的主要通道非正常地向上游淡水区推进，盐水扩散、咸淡水混合造成上游河道水体变咸，从而对淡水资源构成威胁，导致咸潮的主要因素是上游河流径流量和外海海洋动力相互作用的不平衡，同时与河口地形、波浪、风、口外海洋环流、海平面上升、人类活动等因素密切相关。

我们发现咸潮的产生主要有以下原因。

（一）径流

经过查阅资料和现场调查，如图3-1-5所示，我们发现上游径流量是咸潮最直接的"压制"因素，径流主要通过径流量大小、季节的变化、年际间的变化和变幅的大小来影响咸潮。通常情况下，咸潮的距离与上游流量呈较好的负相关，上游流量越小，径流动力越弱，咸潮越容易发生；河流径流量年内基本呈季节性变化，枯季小、洪季大，因此严重的咸潮现象基本出现在枯季。径流对河流和河口盐度变化的影响还表现出一定的时间滞后性，当径流量减少时更为明显，因为河口系统需要一定的时间进行水体混合置换。

图3-1-5

（二）潮汐

潮汐是咸潮最主要的原动力和推动力，主要通过潮汐性质、涨落潮历时长短和潮差大小等影响盐水入侵的变化。潮汐涨落具有较好的周期性，是一种长周期的波动现象，其振幅和周期具有日、半月和年不等现象，陆架高盐水通常在涨潮流推动作用下入侵河口及河道，受其影响，河口地区和咸潮河段盐度也呈现出相应的周期性，盐度峰、谷值一般出现在涨停、落憩时刻。

（三）河口形状和地形

河口平面形态各异，其扩宽率（两岸间距离增幅与纵向距离的比值）直接影响了河口水域的水动力情况，从而影响咸、淡水的交汇与输移过程，对咸潮机理和规律造成影响。河口扩宽率较大时，上游径流进入河口水域后辐散作用明显，径流动力扩散、减弱的速度加快，同时外海潮波进入河口水域后在地形幅聚作用下变形，能量集中，潮差增大，在径流减弱和潮流增强的双重作用下会更加有利于咸潮的上溯。河口水下地形同样对咸潮有着明显影响，水深有利于垂向环流的生成和高盐水沿河床底部上溯，拦门沙在一定的情况下则有利于阻挡高盐水的入侵。

（四）波浪

相对于潮汐而言，波浪为高频短周期的周期性波动现象，主要通过垂向波动的混合作用来影响咸、淡水的混合过程，但对于咸潮的强度整体影响不大。

（五）风

风对河口和陆架高盐水上层水体有直接作用，在拖拽力作用下上层冲淡水流速、流向改变，对表层盐度的平面分布有明显影响。更重要的是，在一定风向的作用下会在大陆架区域形成近岸下潜流，导致咸潮水近岸堆积和水位堆高，进而形成量值可观的向岸压力梯度，驱使底层高盐水上溯。

（六）人类活动

河流沿岸、河口和近岸地区都是人口密集的区域，人类活动频繁，对咸潮的影响日益明显。码头、建筑物挤占河道，河宽变窄变深，同时在挖沙和航道开挖等影响下，水域变窄、河床下切情况进一步加剧，为咸潮的产生提供了有利条件。

总之，根据我们的调查分析，发现珠江的各水域潮流特征不一样，枯季，不同水域盐、淡水混合与输移过程的规律不尽一致，但有一个基本规律，那就是盐水东进，淡水西飘，深入浅出，这是由珠江河口平面形态、地形特征和涨、落潮流动力等因素共同作用的结果。盐度分布特征会随时间逐渐变化，若枯季持续时间较长的话，口外水域将为咸潮储蓄足够多的高盐水体，遇到特枯、大风、天文高潮或大潮的特定水文条件时，咸潮将会完全形成，高盐水体沿河口深槽逐步上溯，从而导致严重的咸潮问题。

【测定成分】

我们将从珠江口取得的水样配置了10种不同浓度的咸潮水样，分别对它们进行了氯离子含量的测定，如图3-1-6所示。

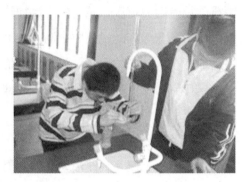

图3-1-6

测定氯离子含量后，利用了硝酸银与氯离子相遇生产氯化银的原理。在水样中加入氢氧化钠溶液，再加入酚酞溶液，然后用标准硝酸银溶液滴定，如图3-1-7所示。

图3-1-7

用标准硝酸银溶液滴定后，氯离子达到饱和值时，溶液瞬间全部变为红色，如图3-1-8所示。

图3-1-8

结论：10种不同浓度的咸潮水样中，氯离子含量分别为103ppm、188ppm、200ppm、366ppm、509ppm、898ppm、1450ppm、3730ppm、5150ppm、8290ppm、13600ppm。

【探究过程】

我们将碳钢、不锈钢、铜、聚乙烯分别放入10种不同浓度的咸潮水样中，研究其腐蚀规律。实验过程如图3-1-9所示。

（1）

（2）

图3-1-9

24小时后，腐蚀规律为：不锈钢、铜、聚乙烯没有腐蚀，碳钢在氯离子含量分别为200ppm以下时基本无腐蚀，200ppm以上时腐蚀严重，如图3-1-10所示。

（1）

（2）

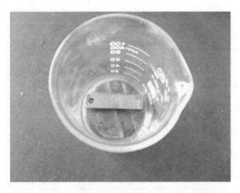

（3）

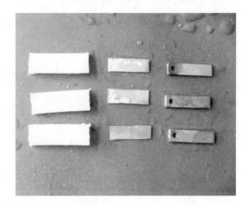

（4）

图3-1-10

观测结果记录：

在10种不同含盐度水样中放入4种管道材料，测量并观察质量变化和外观变化。

（一）普通钢铁腐蚀实验

普通钢铁腐蚀实验记录，见表3-1-1。

表3-1-1

含盐度/%	原始质量/克	实验后质量/克	变化率/%	外观和水的变化
0	4.6578	4.6574	−0.00859	轻微腐蚀，水无变化
0.05	4.6622	4.6617	−0.01072	轻微腐蚀，水轻微发黄
0.1	4.6548	4.6540	−0.01719	轻微腐蚀，水轻微发黄
0.2	4.6574	4.6564	−0.02147	有腐蚀点，水发黄

续　表

含盐度/%	原始质量/克	实验后质量/克	变化率/%	外观和水的变化
0.5	4.6842	4.6830	−0.02562	有腐蚀点，水发黄
1.0	4.6615	4.6602	−0.02789	大面积腐蚀，水变黄色
1.5	4.6604	4.6590	−0.03004	大面积腐蚀，水变黄色
2	4.6582	4.6566	−0.03435	全部腐蚀，水变深黄色
2.5	4.6596	4.6579	−0.03648	全部腐蚀，水变深黄色
3	4.6563	4.6545	−0.03866	全部腐蚀，水变深黄色

（二）聚乙烯PE腐蚀实验

聚乙烯PE腐蚀实验记录，见表3-1-2。

表3-1-2

含盐度/%	原始质量/克	实验后质量/克	变化率/%	腐蚀外观
0	3.3867	3.3867	0	无变化
0.05	3.5277	3.5277	0	无变化
0.1	3.4865	3.4865	0	无变化
0.2	3.4925	3.4925	0	无变化
0.5	3.3948	3.3948	0	无变化
1.0	3.4743	3.4743	0	无变化
1.5	3.5104	3.5104	0	无变化
2	3.3963	3.3963	0	无变化
2.5	3.4549	3.4549	0	无变化
3	3.4921	3.4921	0	无变化

（三）不锈钢腐蚀实验

不锈钢腐蚀实验记录，见表3-1-3。

表3-1-3

含盐度/%	原始质量/克	实验后质量/克	变化率/%	腐蚀外观
0	4.3864	4.3864	0	无变化
0.05	4.4273	4.4273	0	无变化
0.1	4.4197	4.4197	0	无变化

含盐度/%	原始质量/克	实验后质量/克	变化率/%	腐蚀外观
0.2	4.3769	4.3769	0	无变化
0.5	4.4294	4.4294	0	无变化
1.0	4.3902	4.3902	0	无变化
1.5	4.3848	4.3848	0	无变化
2	4.4137	4.4137	0	无变化
2.5	4.3917	4.3917	0	无变化
3	4.3862	4.3862	0	无变化

（四）铜腐蚀实验

铜腐蚀实验记录，见表3–1–4。

表3–1–4

含盐度/%	原始质量/克	实验后质量/克	变化率/%	腐蚀外观
0	6.8732	6.8732	0	无变化
0.05	6.9183	6.9183	0	无变化
0.1	6.8928	6.8928	0	无变化
0.2	6.9183	6.9183	0	无变化
0.5	6.8928	6.8928	0	无变化
1.0	6.9032	6.9032	0	无变化
1.5	6.9103	6.9103	0	无变化
2	6.9074	6.9074	0	无变化
2.5	6.8974	6.8974	0	无变化
3	6.9082	6.9082	0	无变化

综上所述，咸潮对普通钢铁有腐蚀作用，对聚乙烯PE、不锈钢、铜没有影响。

【实验数据】

咸潮是氯离子超标，我们的对策是降低自来水中的氯离子。为此，我们调查了自来水厂，如图3–1–11所示。

（1）

（2）

图3-1-11

【探究对策】

（一）查阅资料了解现有的海水淡化技术

我们查阅资料了解到，现有咸潮水淡化方法主要有蒸馏法、膜法、结晶法、溶剂萃取法和离子交换法等。其中蒸馏法又有多级闪蒸（MSF）、多效蒸发或多效蒸馏（ME或MED）和压汽蒸馏（VC）之分，膜法咸潮水淡化技术则包含了反渗透法（RO）和电渗析法（ED或EDR），结晶法则由冷冻法和水合物法构成。虽然淡化方法有许多种，但多年的实践表明真正实用的咸潮水淡化方法只有MSF、ME、VC和RO等方法。最适合的咸潮水淡化方式是低温多效蒸馏。

膜法咸潮水淡化主要指反渗透法，它是一种将咸潮水加压，使淡水透过选择性渗透膜的淡化方法。这种膜的作用是只允许纯水通过而排斥盐离子。反渗透膜是由半渗透的聚合材料制成，有平板膜、卷式膜和中空纤维膜等形式。虽然现在的RO膜与组件已经相当成熟，但各膜公司仍十分重视研究与开发工作，目的在于开发出抗氧化、耐细菌侵蚀的新膜，改进和提高膜与组件的产水量、脱盐率等。反渗透法淡化咸潮水技术的脱盐率高于99.3%，透水通量大大增加，可适应的操作压力范围不断增大，抗污染和抗氧化能力不断提高。与此同时，反渗透的关键设备，如能量回收装置和高压泵也得到了快速发展。容量和效率也不断提高。

总之，蒸馏法咸潮水淡化利用的是热能和电能，而膜法咸潮水淡化只利用电能。蒸馏法适合于有热源可以利用的场合，反渗透淡化适合于有电源的各种场合。蒸馏法咸潮水淡化出水水质较高，而反渗透咸潮水淡化经一次脱盐，能生产出相当于自来水水质的淡化水。在预处理方面，蒸馏法要求相对较低，而反渗透则要求严格的预处理工艺，否则反渗透膜的性能将受到严重影响。实际应用过程中选用何种淡化方法，须考虑多方面的因素。淡化装置规模不同、原水水质的差异、使用场所、能源费用及气候条件等的变化最终决定了淡化方法。多级闪蒸在海湾国家的应用得益于两个方面的原因：一方面，海湾国家石油资源丰富，利用丰富、廉价的油田气发电，建立水电联产系统，能源费用极低；另一方面，多级闪蒸技术最成熟，多级闪蒸装置便于大型化和特大型化，设备使用寿命长。在世界其他地区，咸潮水淡化主要采用反渗透法。反渗透技术已经取得了令人瞩目的进展。目前反渗透膜与组件的生产已经相当成熟，膜的脱盐率高于99.5%，透水通量大大增加，抗污染和抗氧化能力不断提高。销售价格稳中有降；反渗透的预处理工艺经过多年的摸索基本可保证膜组件的安全运行；高压泵和能量回收装置的效率也在不断提高。以上措施使得反渗透淡化的投资费用不断降低，淡化水的成本明显下降。

（二）制作咸潮水淡化模型

经过研究，我们决定应用反渗透结合离子交换法淡化咸潮水，其装置适合安放在清水池之前。我们制作了模型，取得良好效果，淡化咸潮水淡化模型如图3-1-12、图3-1-13所示。

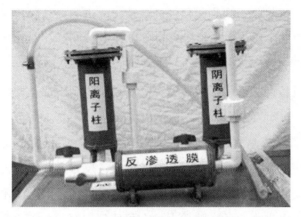

图3-1-12

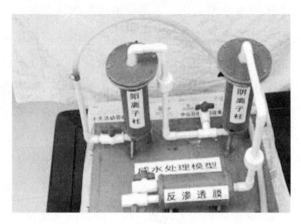

图3-1-13

　　我们设计采用离子交换树脂与反渗透膜结合的方法，除掉钠离子（Na^+）和氯离子（Cl^-），使自来水达到饮用水的标准。具体原理和流程如下：

　　处理模型由一条阳离子柱、一条阴离子柱和反渗透膜构成，如图3-1-13所示。其中阳离子柱填充有阳离子交换树脂，当水流过时，水中的阳离子如钠离子（Na^+）等被阳离子吸收，同时置换出氢离子（H^+），此时水呈酸性；阴离子柱填充有阴离子交换树脂，同理当水流过时，水中的阴离子如氯离子（Cl^-）等被阴离子树脂吸收，同时置换出氢氧根离子（OH^-），氢氧根离子（OH^-）与阳离子树脂置换出的氢离子（H^+）反应生成水，水呈中性；经过阴阳离子树脂处理的水，还含有部分离子、有机物、细菌、病毒，最后通过反渗透膜除掉，其原理为反渗透膜孔径小至纳米级（1纳米=10^{-9}米），水分子可以通过RO膜，而水中的无机盐、重金属离子、有机物、胶体、细菌、病毒等杂质无法通过RO膜，从而使可以透过的纯水和无法透过的浓缩水废水严格被区分开。咸水经过这样的处理，最终达到可以饮用的标准。

【感悟与体会】

作为中山人，我们每年都要数次亲身经历咸潮对我们生活的影响，自来水如咸汤，所以特别关注中山的咸潮问题，我们确定对中山咸潮研究课题后，在教师和家长的指导下，我们先查阅了中山咸潮产生的历史原因和现状资料，参观了中山市的主要自来水厂并了解到水厂目前应对咸潮的做法，之后还在中山市内珠江入海口的不同地段的江河海水实地取样，测试所取水样中的氯离子含量，还用所取水样对碳钢、不锈钢、铜、聚乙烯进行定性的腐蚀试验，取得了很好的试验效果，最后在家长的帮助下制作完成海水淡化模型装置。

通过开展这次咸潮研究性学习课题，我们对中山咸潮现象有了更清晰的认识，发现珠江水系咸潮对自来水系统存在危害，我们的研究圆满解决了咸潮对自来水系统危害的问题，达到了预期目标。通过参观访问、实地调查和试验制作等实践活动，锻炼了我们与人交流沟通的能力和处理实际问题的动手能力，加强了我们团队的合作意识，我们也树立了关心水科技的环保意识。通过活动我们收获丰硕，感谢指导教师和各部门的大力支持。

【教师点评】

万子俊课题组关注咸潮对生活的影响，在教师的带领下开展了一系列实地参观调查和实验检测活动，取得比较科学的数据，学生进行科学探究活动，可以锻炼他们的科学思维，培养他们实事求是的科学素养和团队合作精神。

（本文作者：富云齐、谭锐扬、万子俊；指导教师：万录品；2012年获中山市青少年科技创新大赛市一等奖）

案例2　天然物质洗涤效果的初步探讨

【课题产生】

（一）洗涤剂污染

洗涤剂污染是指由洗涤用品造成的环境污染。洗涤剂的主要有效成分是表面活性剂和增净剂。从1954年开始生产和使用合成洗涤剂，目前世界年产合成洗涤剂数千多万吨。含合成洗涤剂的废水主要有洗涤剂生产废水、工业用洗涤剂清洗水、洗衣工场废水和生活污水。内含的磷酸盐排入水体，是造成水体富营养化的一个重要原因。

（二）典型案例

19世纪以前，英国某河流河水清澈，但工业革命的兴起及两岸人口的激增，使该河迅速变得污浊不堪，水质严重恶化，水中的含氧量几乎为零，水体缺氧，河口处可闻到硫化氢的气味，这主要是受洗涤剂污染的影响。可见，在洗涤剂污染日益严重的时代里，寻找一种低碳、环保的洗涤方式是十分重要的。

【探究过程】

（一）思考思路

你是否想过洗洁精为什么能够去污呢？一般来说，我们家用的洗洁精是用弱碱性的物质制成的，可能还会加上一些阴离子表面活性剂，便于去除油污。生活中的油脂类，很多都是由高级脂肪酸和甘油酯组成，在碱性条件下可以将其溶解为可溶于水的甘油和有亲水基的羧酸，而这些东西都可以通过冲水洗掉。但是，相对于碱性来说，酸性物质也可以去污。在酸性条件下，可以使油脂水解，这样也可以去除油脂。那么，酸性物质到底能否去污呢？

当今社会最重要的是环保。洗洁精由于成分问题若不经处理直接排入水中会污染水体。如果能找到一种天然物质，其洗涤效果能与洗洁精媲美便能够解决更多的水体污染问题。

（二）设计实验方案

众所周知，水果是含有果酸的，而用水果制洗洁精有些浪费，故我们可以使用果皮来制成洗洁精。除此之外，还有一些常见的蔬菜叶子以及洗米水也含有酸性物质，所以也可以用。判断碟子是否清洁以手触摸是否光滑和看上去是否有水珠油渍为标准。

1. 实验材料

各式水果、蔬菜、天平、洗洁精、食用油、棉签、干净的碟子若干、大米、自来水、石臼、吹风机、勺子，如图3-1-14所示。

图3-1-14

2. 用不同材料洗涤

（1）在干净的碟子上滴几滴油，并用棉签均匀涂抹，如图3-1-15所示。

图3-1-15

（2）利用天平称量20g的水果皮及20g的自来水，如图3-1-16所示。

图3-1-16

（3）将果皮倒入石臼中捣成糊状，再倒入称量好的自来水中，均匀搅拌用pH试纸测出其pH值，如图3-1-17所示。

图3-1-17

（4）将所得的物体倒入碟子中，用勺子模拟洗涤碟面一分钟，如图3-1-18所示。

图3-1-18

（5）将碟面上的物体用缓水流冲洗干净。

（6）用吹风机将碟子吹干（约1分钟），如图3-1-19所示。

图3-1-19

（7）观察、比较洗涤过的碟子，如图3-1-20和图3-1-21所示。

图3-1-20

图3-1-21

（三）实验推理

由此可见，酸性物质实际上也能够去污，而且当酸性物质的pH值大约是5时（如橘子皮），其除污效果与平时我们用的洗洁精无异。也就是说，酸性物质也可以制成洗洁精。但为什么我们多用碱性物质而不用酸性物质制作洗洁精呢？

通过网上查找资料可知，酸性物质一般都含有腐蚀作用，即使是十分微弱的酸性，反复多次清洗某样物体，也会慢慢地腐蚀，所以，长期使用酸性物质清洗碗碟，会损伤碗碟。但在弱酸情况下，这种腐蚀作用下不太明显。再者，我们有时候洗碗碟可能不戴手套洗。相对于酸性物质而言，碱性物质更能保护我们的双手，即使酸性物质十分微弱，也会损伤双手的皮肤，这也就是为什么市面上一般只有碱性物质制成的洗洁精。

由苏打水实验可知，碱性越强的物质，其去污能力越强，对于酸性物质来说，也是如此。

但为什么平时所用的洗洁精是用弱碱性的物质而不是用强碱性的物质呢？这是由于强碱性的物质较弱碱性的物质更容易伤害双手的皮肤，而且使用强碱性物质制成的洗洁精更容易造成资源的浪费。既然用弱碱性物质制成的洗洁精可以达到理想的洗涤效果，又何必要浪费呢？再者，由强碱性物质产生的污水，也不容易处理，也会引发一系列的环境问题。

因此，用弱碱性物质制成的洗洁精最适用于洗涤。

此外，市场上的许多蔬菜，以及我们用的洗米水，虽然酸碱度比较中性，但其洗涤效果同样很好，因此也可以用于平时的洗涤。

虽然蔬菜和水果皮的pH值相差无几，但蔬菜的洗涤效果明显要好很多。为什么呢？我猜测这也许和纤维的摩擦有关，于是就有了以下实验。

（四）洗米水洗涤与苏打水洗涤

1. 用洗米水洗涤的步骤

（1）在干净的碟子上滴几滴油，并用棉签均匀涂抹。

（2）利用天平称量20g的大米及20g的自来水。

（3）将大米与自来水混合，并用勺子淘洗。

（4）将混合物过滤并静置。

（5）将所得洗米水倒入碟子中，并放入一片软布，用勺子模拟洗涤碟面一分钟。

（6）将碟面上的物体用缓水流冲洗干净。

（7）用吹风机将碟子吹干（约1分钟）。

（8）观察、比较洗涤过的碟子。

2. 用苏打水洗涤的步骤

（1）把苏打放入瓶中，注入少许自来水，调匀成苏打水。

（2）用pH试纸测量，对照比色卡直至pH值为8、10、12，如图3-1-22所示。

图3-1-22

（3）将苏打水倒入碟子中，用勺子模拟洗涤碟面一分钟，如图3-1-23所示。

图3-1-23

（4）将碟面上的物体用缓水流冲洗干净。

（5）用吹风机将碟子吹干（约1分钟）。

（6）观察、比较洗涤过的碟子。

【实验数据】

几种果皮的pH值及其洗洁净程度，见表3-1-5。

表3-1-5

材料	苹果皮	香蕉皮	梨皮	葡萄皮	橙皮	洗洁精（用1：1调和而成）
pH值	6	6	接近7	5	4~5	6~7之间
观察表面	有一点油膜	表面不是太光亮，有一层油雾	有油膜和水珠	有一点薄薄的油雾	无油膜，十分干净	基本无油渍
触感	光滑	有油渍，较油滑	有些油腻	光滑，效果较好	光滑	光滑

几种蔬菜叶的pH值及其洗洁净程度，见表3-1-6。

表3-1-6

材料	上海青	生菜	白菜	番茄皮	洗洁精（用1：1调和而成）
pH值	7	7	6~7	7	6~7之间
观察表面	有油膜一层	有一点油膜水珠	有薄薄的膜	有薄薄的膜	基本无油渍
触感	有点油滑	有些油滑	光滑	光滑	光滑

几种静置时间不同的洗米水的pH值及其洗洁净程度，见表3-1-7。

表3-1-7

静置时间	中午洗即用	中午洗晚上用	晚上洗第二天用	洗洁精（用1：1调和而成）
pH值	7	7	6	6~7之间
观察表面	有油膜一层，水珠	有油膜水珠	有一层油膜	基本无油渍
触感	较油腻	较油腻	有点油腻	光滑

不同浓度的苏打水的pH值及其洗洁净程度，见表3-1-8。

表3-1-8

pH值	8	10	12
观察表面	有油膜水珠	有一点油膜	基本无油渍
触感	有点油腻	表面干净，比较光滑	光滑

【实验结论】

综合上述几个实验可以总结出以下三点结论。

（1）许多天然物质都可以用于洗涤，其洗涤效果不亚于洗洁精。因此，平日中我们都可以利用这些物质来洗涤。而且碱性或酸性越强的物质，其洗涤效果会更好。

（2）洗涤效果也与碟面的摩擦程度有关。由实验可以看出，蔬菜的纤维比水果的长，因此洗涤效果会更好。洗米水的对照试验也说明了这个问题。因此，我们在家里洗涤时，应该用软布之类的材料洗涤碗碟。

（3）倘若真的要用洗洁剂，可以先稀释再用，如用1∶1调配的洗涤剂。这样既可以节约资源，又可以减少对环境的破坏。

【作品的创新点】

（1）利用天然物质洗涤，效果不亚于洗洁精。

（2）探究的洗涤材料来源广泛，较为普遍、易寻。

（3）天然物质对环境的影响不大，却对环境保护发挥着重要作用。

【感悟与体会】

在这次试验中，多次用到天平，这加深了我对天平基本操作的印象。同时，也让我体会到把摆在餐桌上的碗碟洗干净是多么不容易。

由于实验是在家里完成的，实验条件相对简陋，实验也因此受到很多限制，迫使我去想一些解决方法，如一开始找不到适合的容器去装水等，让我学会了要换一个方向去想问题。

在实验的过程中，我也发现一些问题，如蔬菜叶和果皮的洗涤对比中，虽然pH值相当，但是它们的洗涤效果却有所不同，因此我便设计了另一个对照试验来证明。这让我学会了在探究中不断发现、总结问题。

【教师点评】

在教师的记忆中，小时候家里没有洗涤剂，父母用热的淘米水和丝瓜络洗餐具，洗完的水还可以喂猪，说明我们古人早就有环保的天然洗涤技术，高钰祺课题组通过实验探究水果的清洁洗涤效果，这是一次很好的科学探究活动，值得表扬和肯定。

参考文献：

聂金昌.科技创新你能行［M］.北京：中央民族大学出版社，2006.

（本文作者：高钰祺；指导教师：万录品；2012年获中山市青少年科技创新大赛市一等奖）

案例3　多轴飞行器航拍技术探究

【活动背景】

平时坐飞机时从空中俯瞰大地让人感觉新奇，这是和在地面上完全不同的视角。我们中山市第一中学的校园十分美丽，我们还没有俯瞰过自己的校园，希望能够有机会俯瞰它。鉴于四轴航模飞行平稳，非常适合航空拍摄，所以我们准备开展一次俯瞰美丽校园的航拍技术探究活动，目标是探究更好的四轴航拍技术，如图3-1-24所示。

图3-1-24

【活动目的】

通过了解现有四轴航模的结构和飞控知识，探究四轴飞行器的先进飞控技术，锻炼动手动脑的实践创新能力，培养团队合作意识和组织能力。

【活动过程】

（一）活动计划

活动时间：2013年7月—2014年9月。

活动地点：中山市第一中学和中山市城区。

参与人员：高一年级航模组彭振钧、黄思迪、万子俊等。

活动内容：分三部分。

（1）2013年7—12月，组装调试四轴飞行器。

（2）2014年1—7月，实际航拍活动和不断技术改进。

（3）2014年8—9月，成果展示，制作航拍视频。

（二）活动的具体实施

1. 组装和制作四轴飞行器

2012年的寒假，我们就开始研究四轴飞行器了。一开始的时候，我们对飞行器的要求就是航拍级别，而不是玩具级别。航拍级别的四轴飞行器比玩具级别的四轴飞行器有着更加智能化的飞控系统，也就是说很多东西由微电脑进行控制，减少了人工操作，从而使操纵者有更多的精力来进行航拍作业，如图3-1-25所示。

图3-1-25

为了达到这样的要求，我们在设备上精打细算了一番，一方面要考虑到航拍级别的四轴飞行器所需要的各项功能；另一方面又要顾及成本问题，经过多天对店家、货品的"严加筛选"，货比三家以后，我们选购了飞行器的各项配件。

（1）飞控：我们选用了深圳大疆创新公司生产的DJIMnazalite版本的飞控，加上一个GPS模块，以达到就算是在空中有风时也能将所有的遥控控制杆归中，飞行器依旧可以拥有自动悬停定点的效果。

（2）硬件配置：轴距600mm（对角线的长度）的玻纤机架、朗宇X2212KV980

的专业无刷电机、好赢天行者四合一的集成电子调速器、11.1V4000mAh的3S航模锂电池，加上我们原有的天地飞2.4G9通遥控器，再装上一个最便宜的舵机自平稳云台、一台鹰眼运动摄像机，并且装上了图像实时传输的模块设备，买了屏幕、接收器、平板天线架在地面，如图3-1-26所示。

图3-1-26

利用课外时间，我们见缝插针地组装这台四轴飞行器，困难总是层出不穷：一是我们采用全手动安装，没有技术指导也没有安装说明，只能一步步摸索；二是制作时间与场地有诸多限制。最终，我们克服了重重困难，组装好了四轴飞行器并进行了试飞。如图3-1-27所示。

图3-1-27

2. 一代机飞行试验

第一代飞行器的测试，结果并不乐观。云台强烈抖动，因为这是舵机云台，对于飞机摆动的反应极慢，所以会出现肉眼可见的抖动现象，从而直接影响了视频的质量。飞行器的航时只有6分钟左右，我们的操作手就算是尽其所能也只能从朗晴轩的中心地带匆匆飞出小区，飞过博爱路，飞到对面的全球通公园，再飞远一点到了中国移动大楼就会因时间不够而匆匆返回，根本没有到达我们预定的作业地点，更没有达到我们航拍作业的目标，如图3-1-28所示。

图3-1-28

我们总结了几点经验教训：云台的性能需要改进；电机转数过高，有着较大的能量转化的损耗；电池的容量过小，以至于无法支持飞行器完成较远航程时的飞行航拍作业，如图3-1-29所示。

图3-1-29

3. 第一次改进

根据这一次的总结，我们对飞行器进行了改进，将原来的舵机云台换成二轴无刷云台。这种无刷二轴云台可以时刻保持相机水平，并且反应速度极快。这是因为这种云台在装相机的平台上置有电子陀螺仪，一旦检测到肉眼无法识别的偏差便会立刻修正，肉眼根本看不出在这个过程中云台有任何偏差，即无论挂载云台的飞行器如何晃动，云台也是永远保持水平向前的。与此同时，我们还将电机换成转速更低的、能耗更小的无刷电机，如图3-1-30所示。

图3-1-30

同时使用了更大的螺旋桨，以保持相同的推力输出。我们满怀信心地进行了第二次测试，但测试结果却不太令人满意。

飞行器在空中晃来晃去，任由风的"摆弄"难以控制。飞行器的震动情况也很严重，使得电机力臂都在摆动，导致支架上的GPS模块左右摆动，这更加剧了飞行器的摆动。不过比较乐观的是，所拍视频还是十分稳定的，增强了我们对无刷二轴云台的信心。

后来经过检查飞行器发现，装GPS的支架上的螺丝不知何时已经松了，极有可能是飞行中的强烈震动导致的。于是我们对其滴加了螺丝胶以防止支架松动，并且用了更短的支架。这样的改进几乎消除了GPS支架的摆动，如图3-1-31所示。

图3-1-31

但是实验之后发现飞行器电机臂还是有明显的震动，并且飞行器本身的摇晃依然没有减少。后来又发现国产的桨平衡仪卡桨的夹具本身就是不平衡的，我们只能够买进口的平衡仪进行桨平衡。

4. 第二次改进

后来，我们了解到飞行器的螺旋桨越大，其抗风能力就越差，越容易被阵风吹离既定航向，出现抖动问题。原来可以稳定飞行的原因是当时用的是10英寸（1英寸=2.54厘米）长的螺旋桨，而现在被换成了14英寸的，但飞机本身又不够重，所以导致飞行器抗风性相对较差，之后换了同一个品牌的12英寸的螺旋桨，如图3-1-32所示。

图3-1-32

经过第二次改进，果然有了较好的改善。但是在风稍微大的时候还是会出现摆动问题。加上二轴云台无法修正方向轴的摆动，所以拍摄的视频还是小有抖动。

5. 第三次改进

后来我们了解到，飞行器电机臂的刚度用于抵抗震动与减少震动同样重要。因为不可能完全没有震动，剩下的只能靠电机臂本身的刚度来抵抗。我们用的四轴机架的电机臂是10mm粗的玻璃纤维管。这种管的特点是虽然强度很高，但刚度一般（强度并不等同于刚度）。改进时换的电机较大，而且大桨的质量也大，结果就产生了更大的力作用在电机臂上，使其形变，受力的方向不断改变，所以就产生了震动，而电机臂没有足够的刚度抵抗形变，就很容易使整架飞机产生共振。于是，我们又选择了新的机架，利用暑假时间再加以改进，如图3-1-33所示。

图3-1-33

2014年暑假一开始，我们更换了碳纤维的机架，这种机架比原来的机架稍微大一点，而且电机臂用的是直径16mm的碳纤维管，尽管成本也随之增加，但这种管的刚度和强度都比玻璃纤维管更高。由于原来使用二轴无刷云台还是有比较小的抖动，为了求精，我们将其换成了三轴无刷云台，以期完全消灭肉眼可见的抖动，如图3-1-34所示。

图3-1-34

同时换用了GoproHero3+专业级运动摄影机，拍摄视频的像素达到了原来的4倍。又换了更高电压、更高容量的电池，以期得到更长的航时与航程。

对飞行器进行测试后，发现测试的效果确实不错，飞行很稳定，拍摄也很稳定，实用航时也超过了20分钟。不过因为运动摄影机是170°的广角镜头，所以拍摄到的视频中会经常出现脚架，接着我们就想通过加长云台，使摄像机以更加靠近地面的方式来避免拍到脚架，但是试验后发现因为云台过长，反而会引起云台的抖动，后来想想这也不算是什么大问题，就暂时没有加以改进，如图3-1-35所示。

图3-1-35

6. 第四次改进

暑假期间回老家，傍晚到江边航拍江心塔，当时飞行器上只有飞控原装的用来显示飞控工作状态的高亮LED闪灯，而且是装在飞机后面的，当天色暗下来的时候，飞行器头朝自己的时候就会看不见飞行器在哪里。虽然有实时传回地面的图像，勉强还可以飞行，但因为平板天线要大致对准飞行器，所以不知道飞行器身在何处就比较麻烦。

于是我们购买了一块控制电路板，又买了两颗高亮LED灯，装到了机架前面。并且带上四轴飞行器到傍晚时去岐江边试飞，飞到天色完全暗了下来，也能够保证安全飞行，远远望去便如一颗划过岐江河的璀璨明星，如图3-1-36所示。

图3-1-36

7. 第五次改进

学校摄影社、电视台对我们的航拍提出了建议，即让脚架从视频画面中消失。所以我们在国庆假期期间再次对飞行器进行了改装。飞行器原有的脚架可以手动折叠，我们在脚架旁又增加了两个作动筒，来代替人工收放脚架，使飞行器的脚架在升空之后可以收起来，不影响拍摄，如图3-1-37所示。

图3-1-37

经过实验，这套收放脚架系统工作良好，拍摄质量也有了很好的改善。这里再附上我们多次的航拍作业的照片效果，一中初中部如图3-1-38所示，一中高中部如图3-1-39所示。

图3-1-38

图3-1-39

【活动结果】

经过一年多的改进，我们拥有了能够达到较好航空拍摄水平、质量的设备。例如，万科朗润园如图3-1-40所示、孙文纪念公园和兴中道如图3-1-41所示、岐江桥夜景如图3-1-42所示、一河两岸夜景如图3-1-43所示的航拍效果。相信在不久的将来，我们的技术水平会更加成熟，甚至能向商业化的航拍挺进，更好地发挥我们航拍飞行器的功能与用处，使其迈向更成熟的崭新台阶！

图3-1-40

图3-1-41

图3-1-42

图3-1-43

【感悟与体会】

本次航拍科技探究活动历时一年多，很多实践技术都是在边学边做中慢慢掌握的，经过漫长的规划设计、制作调试、修改和优化，我们也在实践中慢慢感悟、不断成长。航拍飞行控制比一般航模操作难度大很多，我们在调试和飞行活动中，不断在改进，利用寒暑假，进行大量的地面调试，以及反复的试验，感受到做技术活动的严谨，不能有丝毫的马虎和大意。由于受电源容量的影响，每次航拍持续时间只有10多分钟，而且航拍得到的影像要剪辑处理，不断地修改优化，实际操作比预先的想象困难得多，经过航拍科技活动的磨炼，我们形成了严谨的工作作风，对我们的学习也十分有益。

低空俯瞰母校，我们发现了另一种美，精心制作的校园航拍视频，作为第105年校庆礼物送给学校电视台，在节目播出后，受到广大师生和校友的一致好评。我们还把航拍视频放到优酷网，同样得到不少网友的好评。我们的科技实践活动成果得到了师生和社会的认可。我们相信我们不但可以把学习学好，将来从事技术工作也一定可以做好。我们对自己的综合实践能力和团队合作能力充满了自信。

非常感谢学校德育处、校团委领导的关怀，感谢综合实践活动科组万录品等教师的悉心指导，感谢父母的鼎力支持和经济援助，他们是我们活动成功的坚强后盾和有力保障。

【教师点评】

彭振钧课题组关注无人机航拍技术，并自主设计制作多台多轴飞行器，进行多项航拍技术实验，充分展现了跨学科实践活动的过程，是典型的STEM项目，体现了完整的工程思维，课题组已经具备基本的工程素养，是非常有科技含量的实践探究活动。

（本文作者：彭振钧、万子俊、黄思迪；指导教师：万录品；2014年获中山市青少年科技创新大赛市一等奖。）

案例4 保护鸡蛋落地不碎的最小装置的实验新探究

【理论分析】

众所周知，小学和中学都有鸡蛋撞地球相关的科技活动，且高度都是15米以上，学生采用的都是减少降落速度和增大缓冲的方法来保护鸡蛋。2016年，我们参加了高校科学营活动，在学习部分普通物理知识之后，要求大家通过理论联系实际的方法，如何使2.5m开始下落的鸡蛋不碎，并找出体积最小的装置，显然不能再用前述方法，需要重新考量和探究，我们将从理论和实践两方面进行探究。

如何保证鸡蛋不碎？我们从两个方面考虑：一是触地点不碎；二是非触地点不碎。

（一）触地点不碎

规定连接鸡蛋钝端和锐端的线为经线，垂直经线的为纬线。

由薄壳理论知：$\sigma_1 = \dfrac{pr_2}{2t}$，$\sigma_2 = \dfrac{pr_2}{2t} \cdot \dfrac{2r_1 l_2}{t}$，其中 σ_1 为经线方向的应力，σ_2 为纬线方向的应力，r_1 为经线方向的曲率半径，r_2 为纬线方向的曲率半径，t 为蛋壳厚度。

由于一般 $r_2 < r_1$，所以 $\dfrac{2r_1 - r_2}{r_1} = 2 - \dfrac{r_2}{r_1} > 1$，所以一般 $\sigma_2 > \sigma_1$，

记 p_1 为鸡蛋可承受的最大压强，则 $p_{极} = \dfrac{2t\sigma_{2极} r_1}{r_2 \left(2r_1 - r_2\right)}$ ①

即 p_1 正比于蛋壳厚度 t。

取鸡蛋质量为 m，在碰撞过程中：$m\Delta v = p\Delta s \Delta t$ ②

其中 v 是鸡蛋的速度，S 是鸡蛋和地接触的面积，t 是接触时间。而在此过程中 p 达到的最大值 $p_{max} \leqslant p_{极}$，鸡蛋才能不碎。

由以上分析知道，为了保证$p_{max} \leq p_{极}$，我们可以做的如下：

（1）提高配p_1，由①式知，p_1正比于蛋壳厚度t，而鸡蛋一般为钝端最薄，锐端最厚，因此锐端朝下着地可以提高p_1。

（2）增大s，即受力面积尽可能大，由②式知这样可以减小p_{max}。

（3）增大碰撞过程的时间t，可以使用缓冲材料实现这一点。

（4）减小碰撞前后速度的改变量。可以使用弹性恢复系数e小的材料，还有通过减速下落来实现这一点。

（5）减小m，因此我们要尽量减小装置的质量。

（二）非触地点不碎

之所以还要考虑非接触点，是因为鸡蛋撞地过程的能量是以弹性波的形式在蛋壳上传播的，非触地点也受剪切力，将蛋壳简化为质点——弹簧模型，由计算机模拟振动的波传播强度得：落地后球壳的振动在落点与边界最强，尤其是边界，所以鸡蛋落地后落点四周靠近蛋腰处应力最强。

【方案及原理】

基于以上分析，我们提出了以下两种方案：黏滞阻尼法和支架法。下面详细叙述它们各自的能量耗散机制。

（一）黏滞阻尼法

这是本实验的最优方案（因为题目要求体积尽可能小），其装置的体积大约只有鸡蛋的2倍。

1. 主要原理

利用液体的黏滞性进行能量耗散，如图3-1-44所示。

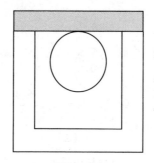

图3-1-44

2. 装置分为四部分

（1）缓冲材料。

硅油，选择它的理由为：首先，硅油的黏滞系数高，有很好的缓冲效果；其次，硅油为非牛顿液体，有剪切稀化特性，即变化猛烈时（一般在蛋壳受压最大时速度梯度最大），黏滞阻力会相对减小，从而使鸡蛋壳受压强控制在 p_1 之内。

（2）内层杯子。

缓冲的主要部分，用于装硅油。

（3）外层杯子。

外层杯子的作用有二：一是用于形变耗散能量，保护内层杯子的完好性。杯子在与地面的碰撞过程不可避免地会形变，若只有一层杯子，则会出现形变量超过塑性形变的限度，使得杯子破裂，硅油流出，失去缓冲效果。二是加上外层杯子，且在内外杯子间隔中加入少许硅油，则内外杯子间形成了一个间隔。当外层杯子与地面碰撞形变破裂时，由于硅油的不可压缩性，内外杯子间的一薄层硅油对内层杯子有均匀、向上托举的力，从而使内层杯子的形变在塑性极限范围内。这样就保护了内层杯子的完好性，不至于使内层杯子的硅油流出而没有缓冲作用。

（4）顶部封口。

顶部封口是为了防止碰撞过程液体从上口流出。

3. 分析整个运动过程和能量耗散机制

记 v_1，v_2，v_3 分别为碰撞前瞬间系统的速度，杯子开始倾倒时鸡蛋的速度，倾倒后杯子再次与地面碰撞前瞬间鸡蛋在竖直方向的速度，如图3-1-45所示。

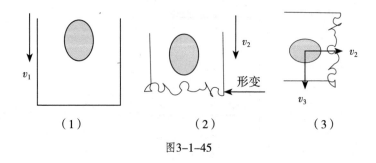

图3-1-45

分三个阶段：

（1）下落。

因为下落不是匀变速过程，空气阻力会耗散一部分能量，所以需要用大学普通物理知识和方法，计算分析如下。

重物下落过程中：

$$mg - f = ma$$

$$f = kv^2$$

$k = \dfrac{1}{2}C\rho S$（C为空气阻力系数，ρ为空气密度，S为物体迎风面积）

$$a = \dfrac{\mathrm{d}^2 x}{\mathrm{d}t^2}$$

$$v = \dfrac{\mathrm{d}x}{\mathrm{d}t}$$

联立得：

$$m\dfrac{\mathrm{d}^2 x}{\mathrm{d}t^2} + \dfrac{1}{2}CpS\left(\dfrac{\mathrm{d}x}{\mathrm{d}t}\right)^2 - mg = 0$$

根据上式，由数值模拟计算出v_1。

（2）第一次碰撞。

杯子着地后，外层杯子接触地面形变，由于液体的不可压缩性，内外杯子间的一薄层硅油对内层杯子有均匀向上的力，既保证内层杯子不碎，又保证内层装置得到缓冲。与此同时，鸡蛋在高黏度硅油中运动，即在黏滞阻力下耗散动能为：$G - f - F_{浮} = ma$ 其中f为黏滞阻力，F_1为浮力$F_{浮} = \rho g v$。

由斯托克斯公式可知，本实验近似取层流情况，并考虑斯托克斯公式的修正：

$f = 6\pi\eta rv\left(1 + 2.4\dfrac{r}{R}\right)\left(1 + 3.2\dfrac{r}{h}\right)$ 其中r为蛋的平均半径，R为杯子口半径，h为杯子高度。

所以 $G - 6\pi\eta rv\left(1 + 2.4\dfrac{r}{R}\right)\left(1 + 3.2\dfrac{r}{h}\right) - \rho g\, v = ma$

即 $m\dfrac{\mathrm{d}^2 y}{\mathrm{d}t^2} + 6\pi\eta r y_1 + 2.4\dfrac{r}{R}yy_1 + 3.2\dfrac{r}{h}y\dfrac{\mathrm{d}y}{\mathrm{d}t} + \rho g v_1 mg = 0$

根据上式，由数值模拟计算出 v_2。

该阶段的末态为鸡蛋的速度减为 v_2，杯子的速度减为0。

（3）杯子侧翻。

由于碰撞时基本不可能做到杯子正面落地下，在鸡蛋还来不及接触杯底时，杯子就已经开始翻倒，且在侧翻的过程中，鸡蛋相对装置的位移可以忽略不计。

将该过程简化为刚体：$Mgr_c = \dfrac{1}{2}Iw^2$，$I = I_c + Mr_c{}^2$

其中 r_c 为质心到支点的距离，I_c 为过质心的转动惯量，I 为过支点的转动惯量。

解得 $w = \sqrt{\dfrac{2Mgr_c}{I_c + Mr_c{}^2}}$，则 $v_3 = wh = h\sqrt{\dfrac{2Mgr_c}{I_c + Mr_c{}^2}}$ 其中 h 为鸡蛋质心到杯底的距离，如图3-1-46所示。

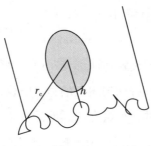

图3-1-46

（4）杯子侧壁再次与地面碰撞。

类似于过程2，鸡蛋的竖直方向运动方程：

$$m\dfrac{\mathrm{d}^2 y}{\mathrm{d}t^2} + 6\pi\eta r y_1 + 2.4\dfrac{r}{R}yy_1 + 3.2\dfrac{r}{h}y\dfrac{\mathrm{d}y}{\mathrm{d}t} + \rho g v_1 mg = 0$$

其中竖直初速度为 v_3。

水平方向：

$-f = ma$

$$-6\pi\eta rv\left(1+2.4\,\frac{r}{R}\right)\left(1+3.2\,\frac{r}{h}\right)=ma$$

即 $m\dfrac{\mathrm{d}^2 y}{\mathrm{d}t^2}+6\pi\eta ry_1+2.4\,\dfrac{r}{R}yy_1+3.2\,\dfrac{r}{h}y\dfrac{\mathrm{d}y}{\mathrm{d}t}+\rho gv_1 mg=0$

其中水平初速度为 v_2。

当第一次碰撞的瞬间，鸡蛋的加速度绝对值最大，这时所受 P 最大，最容易碎。

此时，$|a|=-g+\dfrac{6\pi\eta rv}{m}\left(1+2.4\,\dfrac{r}{R}\right)\left(1+3.2\,\dfrac{r}{h}\right)+\dfrac{\rho gv_1}{m}$ ，

$$P=\frac{m|a|}{S}=\frac{1}{S}\left[-mg+6\pi\eta rv\left(1+2.4\,\frac{r}{R}\right)\left(1+3.2\,\frac{r}{h}\right)+\rho gv_1\right]$$

若 $P\le P_{极}$ ，则该方案可以保证鸡蛋不碎。

（二）支架法

采用支架装置的优点为：稳定性好，主要原理为利用支架将鸡蛋与地面隔离，从而在总力不变的情况下增大鸡蛋的受力面积。

设碰撞前速度为 $v_1=\sqrt{2gh}$ ，碰撞后的速度为 v_2，上面绳子给鸡蛋的拉力为 T，则有 $T\Delta t=m(v_1+v_2)$，这时鸡蛋受力不再是地面的支持力，而是由上段绳子提供的拉力 T，而 T 可以由鸡蛋的表面分担，近似认为是鸡蛋的半个表面积分担，则 $P=\dfrac{2T}{S}$ ，其中 S 为鸡蛋总表面积。同样，只要 $P\le P_{极}$ ，鸡蛋就不会碎。

【探究过程】

（一）用视频计算碰撞过程的最大压强

设视频中各帧时间间隔为 $\triangle t$，S 为鸡蛋某一定点的位置（由 tracker 高速摄像机图片处理软件做水平线与图中的刻度尺相交读出），n 为图片的帧数。

碰撞前速度：$v_1=\dfrac{\dfrac{|S_1-S_2|}{(n_2-n_1)}\cdot\dfrac{\dfrac{|S_3-S_4|}{(n_4-n_3)}-\dfrac{|S_1-S_2|}{(n_2-n_1)}}{\left(\dfrac{n_4+n_3}{2}-\dfrac{n_2+n_1}{2}\right)\Delta t^2}}{\Delta t}$

碰撞后速度：$v^2 = \dfrac{|S_3 - S_4|}{(n_4 - n_3)\ \Delta t}$

$$t = \left(\dfrac{n_4 + n_3}{2} - \dfrac{n_2 + n_1}{2}\right)$$

$$a = \dfrac{v_2 - v_1}{t}$$

$$= \dfrac{\dfrac{|S_3 - S_4|}{(n_4 - n_3)\ \Delta t} - \dfrac{|S_1 - S_2|}{(n_2 - n_1)\ \Delta t}}{\left(\dfrac{n_4 + n_3}{2} - \dfrac{n_2 + n_1}{2}\right)\Delta t}$$

$$= \dfrac{\dfrac{|S_3 - S_4|}{(n_4 - n_3)} - \dfrac{|S_1 - S_2|}{(n_2 - n_1)}}{\left(\dfrac{n_4 + n_3}{2} - \dfrac{n_2 + n_1}{2}\right)\Delta t^2}$$

然后由 $P = \dfrac{m|a|}{S}$ 计算出 P。

（二）实验仪器

高速摄像机、天平、量筒、鸡蛋、硅油、卷尺、钢板尺、塑料杯、泡沫塑料、弹簧、纸壳、牙签、胶布、降落伞、粗吸管、钉子、橡皮筋。

（三）实验步骤

1. 制作装置

根据之前设计的方案制作四种装置，实验装置分解图如图3-1-47所示，实验装置图如图3-1-48所示。

图3-1-47

图3-1-48

2. 测量参数

测量鸡蛋质量：选取多个鸡蛋，测量它们的质量，取平均值。

测量鸡蛋体积：用排水法，读出放入鸡蛋前和后量筒的读数。

测量杯子口直径和高度：用刻度尺测量。

测量鸡蛋直径：将刻度尺摆在鸡蛋的对称面上，拍照，用tracker多次测量鸡蛋直径。

测量鸡蛋受力面积：将鸡蛋从装置中取下，涂上有色液体，再将鸡蛋放回原处，测量得到的有色液体的染色面积。

3. 拍摄运动过程

用高速摄像机拍摄运动过程。

4. 用tracker处理图像

利用tracker的追踪功能读出位移和时间的对应数据，然后做出位移—时间的图线。

利用tracker的测量长度功能读出碰撞前瞬间的两张图、碰撞后瞬间的两张图的位移，由 $a = \dfrac{\dfrac{|S_3 - S_4|}{(n_4 - n_3)} - \dfrac{|S_1 - S_2|}{(n_2 - n_1)}}{\left(\dfrac{n_4 + n_3}{2} - \dfrac{n_2 + n_1}{2}\right)\Delta t^2}$ 计算出碰撞过程的加速度，然后由

$P = \dfrac{m|a|}{S}$ 计算出 P，与极限压强做比对。

5. 做出运动曲线并对比

依据理论公式用电脑数值模拟出理论的运动曲线，并将理论曲线与实际的数据点做比对。

（四）实验数据及处理

首先鸡蛋的图像是通过tracker追踪得到的，拍摄时将高速相机放在地面上，视频极为稳定，追踪时只需考虑追踪产生的随机误差，而我们特意将视频放大，使追踪时产生的随机误差远小于数据本身的误差，在处理视频时，无须考虑，如图3-1-49所示。

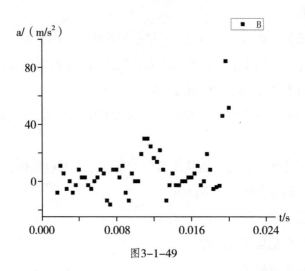

图3-1-49

注：由于理论和实际曲线偏差较大，该方案只给出由拍摄的视频计算出的加速度随时间的变化曲线。

如图3-1-50所示，细线是依据理论做的破碎的临界状态，粗线是实际数据点。

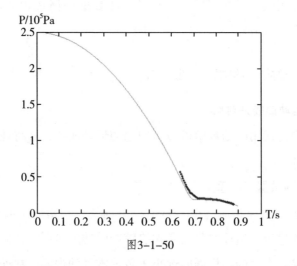

图3-1-50

1. 测量受到的最大压强

查阅资料得：理论上的极限压强：$3.37 \times 10^5 Pa$.

（1）黏滞。

① 由理论公式计算鸡蛋受到的最大压强。

A. 鸡蛋质量，见表3-1-9。

表3-1-9

次序	1	2	3	4	5	6	7	8	9	10
鸡蛋质量（g）	47.84	43.29	46.31	44.59	47.95	42.44	48.9	54.19	42.38	49.77

平均质量46.76g；统计误差=1.1g；仪器误差=0.01g，$m = (47 \pm 1)$ g。

B. 杯子口直径：$D = 6.50 \pm 0.05$ cm。

C. 杯子高度：$h = 9.40 \pm 0.05$ cm。

D. 鸡蛋直径（利用tracker读出），见表3-1-10。

表3-1-10

次序	1	2	3	4	5
直径（cm）	4.738	5.083	4.854	4.64	4.761

平均值4.815cm，统计误差=0.08cm，$D = (4.82 \pm 0.08)$ cm。

E. 硅油密度（查阅资料）$\rho = 0.963$ g/cm^3。

F. 鸡蛋装置体积，见表3-1-11。

表3-1-11

次序	1	2	3	4	5	6	7	8	9	10
初始体积（mL）	280	283	295	220	180	240	328	310	265	252
末体积（mL）	340	348	353	264	217	283	370	355	305	302
鸡蛋体积（mL）	60	65	58	44	37	43	42	45	40	50

平均体积48mL，统计误差=3.0mL，仪器误差=2.5mL，$V = (48 \pm 4)$ mL。

G. 鸡蛋受力面积：$S = 66$ cm^2。

由受到的最大压力：

$$P = \frac{m|a|}{S} = \frac{1}{S}\left[-mg + 6\pi\eta rv\left(1 + 2.4\,\frac{r}{R}\right)\left(1 + 3.2\,\frac{r}{h}\right) + \rho g v_1 \right]$$

$\vec{P} = 6.86 \times 10^4 \text{Pa}$

② 由拍摄的视频计算鸡蛋受到的最大压强，见表3-1-12。

$\Delta t = 1/1000\text{s}.$

表3-1-12

次序	1	2	3	4
S（cm）	3.350	0.802	−0.906	−0.962
n（帧）	36	40	45	47

［注：其中S为以某一静止点为参考，鸡蛋最下面一点的位置（由tracker做竖直线读出与图中的该固定点的竖直距离），n为图片的帧数，1、2张图为碰撞前瞬间的两张图，3、4为碰撞后瞬间的两张图。］

$$a = \frac{v_2 - v_1}{t} = \frac{\dfrac{|S_3 - S_4|}{(n_4 - n_3)} - \dfrac{|S_1 - S_2|}{(n_2 - n_1)}}{\left(\dfrac{n_4 + n_3}{2} - \dfrac{n_2 + n_1}{2}\right)\Delta t^2} = 7.58 \times 10^5 \frac{m}{s^2}$$

$P = \dfrac{m|a|}{S} = 4.82 \times 10^6 \text{Pa}$ 比极限压强小，鸡蛋未破碎，与理论符合较好。

（2）支架组鸡蛋受到的最大压强，见表3-1-13。

$\Delta t = 1/1000\text{s}.$

表3-1-13

次序	1	2	3	4
S（cm）	31.24	29.06	23.91	23.06
n（帧）	76	80	92	99

$$a = \frac{v_2 - v_1}{t} = \frac{\dfrac{|S_3 - S_4|}{(n_4 - n_3)} - \dfrac{|S_1 - S_2|}{(n_2 - n_1)}}{\left(\dfrac{n_4 + n_3}{2} - \dfrac{n_2 + n_1}{2}\right)\Delta t^2} = 242.04 \frac{m}{s^2}$$

【实验结论】

本次实验所制作的装置均得到了实验的检验，证明其对鸡蛋的保护有效。其中，以黏滞阻尼器体积最小，可靠性最高。另一种可以作为备选方案。

【感悟与体会】

本次探究实验的难点是要求定量计算，但是由于理论的粗糙性以及所测量数据的不准确，只对黏滞阻尼法进行定量分析。本实验的核心黏滞阻尼法，由于理论涉及液体的湍流与杯子的形变，因此目前所做出任何理论都不能满足我们的需要，只能对实验读取的数据进行分析。但是，由于杯子的下落不可控，因此读取的数据不精确，导致最终算出的数据不太合理。

因此，如果想进一步做实验，应当考虑解决杯子的稳定性问题。另外，希望在学习了解更深入的相关知识后，可以解决黏滞阻尼器的理论问题。此外，仍可以想办法减小它们的体积，对它们做进一步修改。

由于本研究涉及非匀变速运动和刚体运动力学知识，需要提前学习大学一年级普通物理的相关知识，所以要请教指导教师。感谢学校科普中心万录品老师的悉心指点，感谢贾文杰和陈世峰老师的辅导，让我们进行了一次很有意义的科学研究，也让我们学会了尊重科学、尊重数据，应用科学知识解决实际问题，学会承受失败。

【教师点评】

袁福森课题组关注看似很普通的鸡蛋撞地球项目，自学大学普通物理和高等数学的知识，主动探索撞击过程的内在机理，在理论推导论证之后，又进行了实验验证，是一次有相当深度的科学研究活动，这项科学探究活动对袁福森同学的数学和物理学习有了很大的促进，其数学物理成绩进步很大，也推动了他其他学科的进步。

参考文献：

[1] 张大昌.高中物理必修1 [M].北京：人民教育出版社，2010.

［2］张大昌.高中物理选修3-5［M］.北京：人民教育出版社，2010.

［3］程守洙，江之水，朱咏春.普通物理学（第1册）［M］.北京：高等教育出版社，1982.

［4］广东基础教育课程资源研究开发中心通用技术教材编写组.通用技术（必修1）：技术与设计1［M］.广州：广东科技出版社，2008.

［5］聂金昌.科技创新你能行［M］.北京：中央民族大学出版社，2006.

（本文作者：袁福森；指导教师：万录品；2017年获广东省青少年科技创新大赛省一等奖）

案例5　高铁铁路太阳能发电系统的调查与研究

【课题产生】

在科技飞速发展的今天，能源消耗也在日益增长。我国的能源结构以煤为主，而这是造成煤烟型大气污染的主要原因，也是温室气体二氧化碳排放的主要来源。2016年全球煤炭消费量合计37.32亿吨油当量（1吨油当量=1.4286吨标准煤）。虽然我国的煤炭储量十分庞大，但每年开采量大，煤炭始终无法一直作为最主要的能源被利用。在旧能源日益减少、温室效应逐渐加剧的情况下，绿色新能源无疑是最好的选择。绿色环保和环境友好的理念因其可持续性而逐步成为世界主流，因此国家出台了一系列鼓励发展新能源的政策。太阳能是21世纪全球主要能源之一，作为理想的清洁能源，光伏产业在我国得到长期发展。在此背景之下，许多地方大力发展太阳能，其中济南更是独辟蹊径，建造了全球第一条真正的光伏"高速"公路。这条公路从2017年12月28日正式通车，到2018年1月22日10点，1080米的光伏路面共发电22890度，平均每天发电953度，到夏天发电量估计会提至4000度以上，全年预计可发电量可达100万度。目前中国高速公路里程达13.1万千米，光伏高速公路的发展潜力巨大，有助于改善我国的能源结构。我们研究小组由此关注到世界运营里程第一的高铁无砟轨道，小组成员进行了课题选定（如图3-1-51所示）。

图3-1-51

大家因而有了在道间铺设太阳能电池组件来发电的思路，但发现已有相关专利的申请，于是小组决定以探究其可行性与发展前景为课题开展探究实践活动。通过查阅网上资料，我们得知中国运营里程超过2.5万千米，占全球高铁运营总里程的2/3，高居世界第一。高铁无砟轨道间距为通常为1435毫米，故利用轨道间距铺设太阳能板来发电是十分可观的。本研究课题基此真实地模拟了高铁铁路太阳能发电系统运行的流程，通过数据分析探究了它的实际应用，为日后政府做出决策提供一点思路，为促进可再生能源的开发尽绵薄之力。

【查找信息】

早在1839年，法国科学家贝克雷尔就发现了"光伏效应"，即光照能使半导体材料的不同部位之间产生电位差。通过进一步发展，利用半导体PN结的光生伏特效应，美国科学家恰宾和皮尔松在美国贝尔实验室首次制成了实用的单晶硅太阳能电池，将太阳光能转换为电能的实用光伏发电技术诞生了。这种技术的关键元件是太阳能电池，太阳能电池经过串联后进行封装保护可形成大面积的太阳能电池组件，再配合功率控制器等部件就形成了光伏发电装置，光伏发电装置组件如图3-1-52所示。

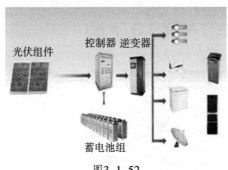

图3-1-52

　　通过网络资料我们了解到，太阳能发电系统由太阳能电池组、太阳能控制器、蓄电池（组）组成。如果要让太阳能发电系统输出电源为交流220V或110V，还需要配置逆变器。将太阳能应用到高铁项目中，太阳能电池板的选择很重要。太阳能电池板分为以下几种晶体硅电池板，即多晶硅太阳能电池、单晶硅太阳能电池。非晶硅电池板，即薄膜太阳能电池、有机太阳能电池。化学染料电池板，即染料敏化太阳能电池。常见的有单晶硅太阳能电池和多晶硅太阳能电池，单晶硅太阳能电池的光电转换效率为15%左右，最高可达24%，这是所有种类的太阳能电池中光电转换效率最高的，但它的缺点是制作成本较高，因此它还不能被普遍使用。由于单晶硅一般采用钢化玻璃以及防水树脂进行封装，因此其坚固耐用，使用寿命一般可达15年，最高可达25年；多晶硅太阳能电池的制作成本较低，其光电转换效率约为12%（2004年7月1日，日本夏普上市效率为14.8%的世界最高效率多晶硅太阳能电池）。从制作成本上来讲，多晶硅太阳能电池比单晶硅太阳能电池要便宜一些，材料制造也比较简便，节约电耗，总的生产成本较低，因此可以大量发展。此外，多晶硅太阳能电池的使用寿命比单晶硅太阳能电池短。从性能价格比来讲，单晶硅太阳能电池略好。

　　太阳能控制器是由专用处理器CPU、电子元器件、显示器、开关功率管等组成。蓄电池的作用是在有光照时将太阳能电池板所发出的电能储存起来，到需要的时候再释放出来。太阳能蓄电池是蓄电池在太阳能光伏发电中的应用，常用的有铅酸免维护蓄电池、普通铅酸蓄电池，胶体蓄电池和碱性镍镉蓄电池四种。

　　要将太阳能发电系统所发出的直流电能转换成交流电能，需要使用DC-AC

逆变器。逆变器又分为离网逆变器和并网逆变器。

在太阳能发电系统中，系统的总效率 η ese由电池组件的PV转换率、控制器效率、蓄电池效率、逆变器效率及负载的效率等组成。但相对于太阳能电池技术来讲，要比控制器、逆变器及照明负载等其他单元的技术及生产水平要成熟得多，而且系统的转换率只有17%左右。

经过讨论我们发现，由于自身条件限制无法完全还原光伏的工作过程，因此我们采用模拟实验加代替模型来进行测试。

【探究过程】

通过查阅资料，我们了解到高速铁路轨道结构组成主要包括钢轨、道岔、扣件、轨枕、道床等，其作用主要体现在五大方面：为列车运营提供连续、稳定、可靠的支承面；具有导向功能；将承受列车荷载传递给路基、桥梁、隧道等下部基础；协调下部结构变形；提供一定弹性，降低振动及噪声。我国高速铁路轨道结构技术具有钢轨无缝化、混凝土结构。而本课题的研究主要以无砟轨道间距展开，高铁铁路横截面如图3-1-53所示，高铁铁路图（摄于中山北站）如图3-1-54所示。

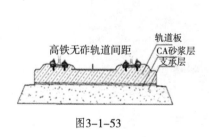

图3-1-53

图3-1-54

通过对网络资料的探讨，我们总结出一些仍抱有疑惑的问题。带着这些疑惑，我们来到了中山城规北站进行实地调查，当时对高铁铁路的一些疑惑问题记录（如图3-1-55所示），在中山北站拍摄的高铁与轨道接触情况，如图3-1-56所示。

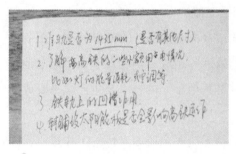

车底到轨道距
离足够宽松

图3-1-55   图3-1-56

当我们在中山北站观察高铁运行时，了解到车身离无砟轨道底部有足够的空间，利用此空间铺设太阳能电池板的思路是无误的，不仅可以提高空间利用效率，还可以收集高铁轨道处的太阳能能源。

其中，高铁太阳能发电系统所发出的一部分电量可提供给高铁内部的小额用电器（如空调、照明用），其余部分可输送到国家电网。

为更好地了解高铁无砟轨道的具体结构，我们于实地调查后还向国家铁路局发送了一份邮件询问相关信息，还在中山北站留影（如图3-1-57所示）。

图3-1-57

【实验数据】

通过以上对太阳能发电系统和高铁无砟轨道的研究，我们决定以单晶硅太阳能电池组件进行数据模拟分析，具体如下。

（一）从成本回收角度分析

高铁太阳能发电系统运行流程如图3-1-58所示。

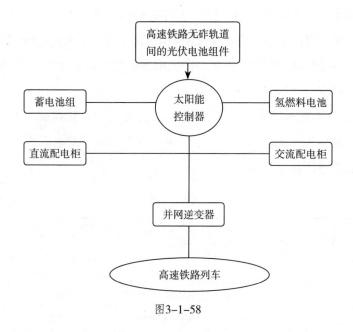

图3-1-58

（1）截至2018年，我国高铁里程为2.5×10^7m，而高铁无砟轨道间距为通常为1.435m，则大致可铺设2.5×10^7m$\times$1.435m=3.5875×10^7m^{2}太阳能电池板。

（2）根据广东农业信息网抓取数据可得，广东省2017年9月至2018年8月日照总时数为1810.2小时。以其为例作为本模型参考数据，广东省月平均日照时数如图3-1-59所示。

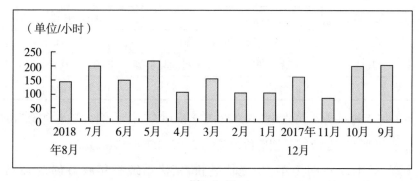

图3-1-59

（3）考虑到峰值日照、安装角度、环境温度的影响因素，每平方米电池板平均输出功率为150Wp。

（4）若逆变器的转换效率为90%（平均约90%～96%），则当电池板输出功率为150Wp时，则逆变器需要每平方米输出功率应为150W×90%=135Wp；若按每年使用1810.2小时，则每平方米太阳能电池最终实际输出电量为135Wp×1810.2h=24377Wh=244.377kW·h。

（5）太阳能电池板发电能力为135W/m²，考虑到系统调试、工程保险、项目设计、安装施工、光伏组件等因素，每平方米太阳能发电系统造价877.5元，光伏项目成本造价概算见表3-1-14。

表3-1-14

序号	名称	型号	单价（元）	类别
1	组件	单品/多品	2.65～3.1	设备采购
2	支架	铝合金/热镀锌/不锈钢	0.2～0.45	
3	逆变器	组串式/集中式/微逆	0.25～0.8	设备采购
4	汇流箱	交流/直流	0.05～0.12	
5	电缆	2.5mm、4.0mm、6.0mm等	0.12～0.25	
6	夹具/水泥基础		0.02～0.15	
7	监控系统	监控平台、数据采集器、辐照仪、视频监控等	0.05～0.3	
8	设计费用	光伏电站设计及并网接入设计	0.1～0.2	设计
9	工程保险	建筑安装工程一切险，工人保险	0.02～0.05	安装调试
10	系统调试		0.05～0.12	
11	施工费	安装的人工成本	0.25～0.6	
12	其他	工程用电、用水、不可预见费等	0.03～0.1	
合计			3.79～6.24	

（6）每年每平方米可发电244.377kW·h，以广州为例，基本电价为0.32元每千瓦时，则每平方米每年创造价值为0.32×244.377≈78.2元。

（7）成本回收期（年）=光伏造价/光伏系统每年收益创造=877.5÷78.2=11.22年

（二）从能量回收期分析

按照生命周期评价方法，能量回收期指一个光伏发电系统全寿命周期内所消耗的能量除以该系统的年平均能量输出，单位为年，即光伏发电系统几年内能把自己寿命周期内消耗的能量回收回来，回收期越短越好。能量回收期是判断可再生能源的指标之一，并网多晶硅光伏系统的生产损耗（能源消耗量），见表3–1–15。

表3–1–15

项目	按电耗计（kWh/kWp）	按一次能源消耗量计（MJ/kWp）
组件	2205	25606
框架	91	1061
配套部件	229	2660
总计	2525	29327

从太阳能光伏系统生产过程中消耗的能量来看，单晶硅太阳电池系统耗能最高，达到了3308kWh/kWp，薄膜太阳电池系统的耗能最低，为1995kWh/kWp。

本文数据分析均为以单晶硅太阳能发电系统为例。上文已有粗略分析，每平方米功率为150Wp的太阳能电池最终实际输出电量为135kW·h，而每Wp太阳能电池板的生产耗能3.308kW·h，即每平方米太阳能电池的耗能496.2kW·h.

能量回收期（年）=光伏系统能耗/光伏系统每年的能量输出=496.2÷135=3.68年。

（三）结论分析

综合上述分析，我们得知：在广东高铁无砟轨道铺设太阳能电池板的财务成本回收期为11.22年。11年可收回建造高铁太阳能发电系统的投入。太阳能发电装置使用寿命为20～25年，则10年左右为纯收益阶段。

在广东高铁无砟轨道铺设太阳能电池板的能量回收期约为3.68年，远低于光伏系统的寿命周期20～25年。也就是说，3.68年后发出的能量都是纯产出的能量。

从成本回收期来讲，回收时间较长。但从能源回收期来讲，回收时间较短，迎合可再生能源的发展理念。从以上分析结果可知，在高铁铺设太阳能电池板是可行的。

【制作与模拟】

我们采用多晶硅太阳能电池板与塑性泡沫板来制作模型。其中，太阳能板的转换效率为17.8%，工作电压5V，额定功率5Wp，峰值电流1A，模型图纸的绘制如图3-1-60所示，模型的刻制如图3-1-61所示，模型的制作如图3-1-62所示，模型成品如图3-1-63所示。

图3-1-60

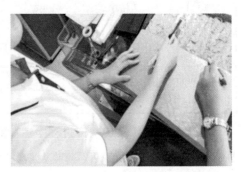
图3-1-61

图3-1-62

图3-1-63

模型完成后，我们对其进行了模拟分析。不论是从能量回收还是成本回收上看，本模型均有一定的实用性。具体数据在此不一一展开。

【感悟与体会】

高铁铁路太阳能发电系统调查对我们小组而言，既是一个难得的机会，又是一次严峻的考验。身处其中，我们的心情十分复杂。一边是进行科学研究的强烈兴趣和热情，一边是因过程漫长、求证烦琐复杂而产生的厌倦与疲惫。我们小组在完成这次调研的过程中，因各自住所相隔很远，只能在学校相聚，时间安排有所分歧等问题，曾一度出现停滞。又因为花费在这个项目上的时间较多，学习上的压力也日益增大。

故而在那段停滞的时间中，我们一度想过放弃，但所幸我们还是坚持了下来。我们小组也及时进行了调整，加多沟通与交流，并进行了明确的分工。此后，我们一起讨论思路、分写报告、研究高铁太阳能发电系统运作的可行性，还外出调查，制作模型。一系列紧张而有趣的活动，让我们收获了很多，既有如何探究问题的方法，又有如何进行小组与合作的窍门。最后在完成这次调研时，我们感到由衷的兴奋与满足。结果并不重要，重要的是我们在这过程中的收获与成长。

【教师点评】

屈静怡课题组关注环保节能问题，对高铁路轨安装太阳能电池板进行科学研究，他们先查阅了大量资料，并实地考察高铁路轨情况，获得翔实的数据，最后还进行模拟测验路基太阳能电池发电实验，本次专题研究思路和方法得当，十分成功。

参考文献：

［1］胡润青.太阳能光伏系统的能量回收期有多长？［J］.太阳能，2008（3）：6-10.

［2］胡润青.我国多晶硅并网光伏系统能量回收期的研究［J］.太阳能，2009（1）：9-14.

［3］佚名.光伏系统成本预测［J］.能源政策研究，2002（1）：61.

（本文作者：屈静怡、叶昊贤、刘玥；指导老师：万录品；2018年获中山市青少年科技创新大赛市一等奖）

第二节　设计制作类项目案例

案例1　新型智能机动车反套牌系统

【课题产生】

现代科技飞速发展，克隆技术日新月异，出现了克隆羊、克隆牛、克隆猪等，人们在感受医学克隆技术进步的喜悦之余，却对当今社会出现的"克隆车"（即套牌车）现象而头疼。我们在阅读报纸或观看电机新闻的时候，经常看到一些关于套牌车严重违法犯罪的报道，有车的人都很担心自己的车辆被套牌或"克隆"。我们上网输入关键词"套牌车"进行搜索，竟然得到728000条套牌车新闻信息，点击浏览相关新闻，我们被强烈震撼了，比如下面这两则报道：

报道一：某市交警支队的统计数据显示，截至昨日，进入市套牌车辆信息数据库的套牌车已经多达6618辆，比去年4月10日增加了5108辆，占全省套牌车总数的近两成。被套牌的车辆车型以小汽车为多，有5534辆，摩托车有593辆；号牌多为广州、深圳、东莞，其中以东莞牌为最，另有291辆外省车，特别是湖北、湖南、安徽牌的大货车，真假难辨的套牌车如图3-2-1所示。

图3-2-1

报道二：据报道，深圳市民颜先生的车被8辆车套牌，累计收到来自7个省市区的违章通知书150多份，最近更收到了中山市人民法院的传票套牌车撞伤人，真车主成被告，该案昨日在中山市人民法院开庭，法官最终宣布中止审理此案。2005年，深圳市民颜先生通过深圳市交通监控中心首次发现自己的车被人套牌了，截至目前，他已经陆续发现8辆车套用其车牌，这些套牌车违章记录超过200次。

——新华网

套牌现象在各地时有发现，套牌车严重违法案件偶发。套牌车或假牌车成为马路公害，肇事或作案的记录有增无减，非法套牌的犯罪已引起社会关注。北京、上海、广州、深圳等大城市还专门成立了"车主反套牌联盟或协会"。国家有关部门也在研究治理措施，为此，我们课题组想找到一种彻底解决套牌车的办法。

今年暑假，我们一家外出旅游，入住酒店登记时，爸爸出示第二代智能身份证，我发现服务员没有用笔记录，而是用读卡器自动登记我们的身份证资料。受第二代带智能身份证管理系统的启发，我想到为什么不给汽车也做一个电子智能身份证（即智能IC卡行驶证）呢？带着这个想法，我们咨询指导教师，结合当今网络信息技术，我们几个同学决定成立反套牌课题组，希望经过考察研究，能够找出解决车辆套牌和盗抢难题的办法。

【探究过程】

（一）调查现行汽车过站模式，发现有明显安全漏洞

首先我们去中山港大桥公路收费站调查，发现机动车只需停车交费就可以通行，不需要出示任何证件，如果是套牌车，或者被盗、被抢的车都一样可以放行，这种只管收钱不管通行身份的管理模式明显存在安全管理漏洞。

之后我们又去港口高速公路进出口调查，发现汽车上高速公路时，在高速公路进口站只领取粤通卡，不需要出示其他证件，出高速公路时，只是交回粤通卡，计费交钱就可离开，也不需要出示其他证件，可见高速公路的进出口通行模式也存在同样的安全漏洞。访问收费站如图3-2-2所示，访问高速公路进出口如图3-2-3所示，车辆进高速公路如图3-2-4所示，车辆出高速公路如图

3-2-5所示。

图3-2-2

图3-2-3

图3-2-4

图3-2-5

　　我们课题组带着问题走访中山市公安交警支队，了解到《中华人民共和国道路交通安全法》的有关规定，得知收费站和高速公路进出口站不是公安权力单位，不具备检查车辆行驶证件的职权。这说明我们的法律制度方面存在了安全管理的漏洞。

（二）调查现行的机动车行驶证，发现防伪功能有局限

　　我们课题组访问交警部门了解到，旧版的行驶证为纸制，防伪功能很差。据公安部网站介绍，公安部决定自2020年10月1日起，在全国范围内启用具有较先进的防伪技术的新版机动车行驶证，新版行驶证综合使用了近30项防伪技术，重点改进了直观视觉查验的技术，旧版行驶证如图3-2-6所示，第二代智能身份证样本如图3-2-7所示。

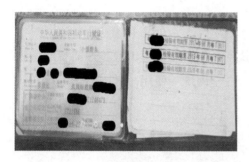 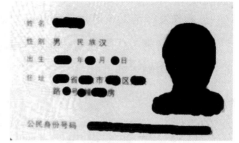

图3-2-6   图3-2-7

我们发现相对于旧版行驶证，新版行驶证的防伪功能进步了很多，但是新版行驶证依然没有采用更先进的数字化技术。据了解，我国在几年前就开始发行第二代居民身份证，采用智能IC卡芯片技术，其防伪功能和管理都发生了根本性变化。如今，智能IC卡技术已经相当成熟，所以新版行驶证完全可以借鉴二代身份证模式升级换代，彻底解决防伪问题，为此，我们课题小组走访中山市公安局与交警讨论新版行驶证如图3-2-8所示。

图3-2-8

（三）调查现今交通管理网络现状

我们课题组在走访中山市交通局和公安交警支队后了解到，各单位的局域网是相对独立的，没有互通联网，只有交通集团系统属下的收费站和高速公路进出口有联网，而且有些外单位的收费站没有网络。由此可知，在全国各种收费站的身份核查可能更加复杂。

（四）确定反套牌系统设计目标

1. 制作发行带IC卡芯片的智能行驶证

借鉴居民第二代智能身份证的系统技术，生产制作带IC卡芯片的智能行驶证，可采取接触式或非接触式读卡模式，在全国统一使用。教师与学生一起研讨课题如图3-2-9所示。

图3-2-9

2. 建立全国的机动车信息数据库

据交警部门反映，各省已经建立了本省的机动车信息数据中心，各省数据可上传汇总到国家公安部，从而形成中国机动车信息中央数据库。

充分利用现有收费系统，有网络的联网，没网的架设新网，要求全国所有的收费站和高速公路进出口都联网，先组成市级网络，再组成省级网络，最后和中央数据库联网，实现全国机动车数据联网、信息共享。然后，在全国各收费站和高速公路进出口安装读卡核查终端系统，这是有线查验系统，还可以生产无线移动读卡器，用于交警巡逻机动查车。

3. 改革现行汽车过站通行模式

机动车通过收费站和高速公路进出口时，出示智能行驶证，刷卡通行，假证或无证系统会自动报警，非法车辆无法通行。

4. 防套牌系统工作模式

防套牌系统工作模式示意图如图3-2-10所示。

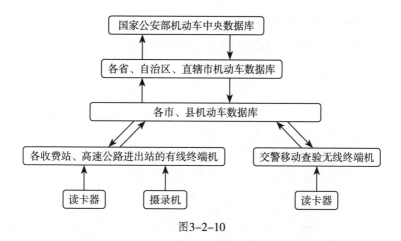

图3-2-10

【制作与模拟】

（1）访问IC卡制作公司后，了解射频卡系统的工作原理。

（2）我们设想制作终端读卡核查行驶证的模拟器，终端系统模拟器的组成如图3-2-11所示。

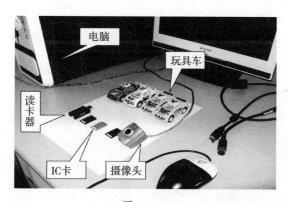

图3-2-11

① 一台电脑。

② 一台读卡器。

③ 一套摄录装置。

④ 四张模拟智能行驶证IC卡。

⑤ 四辆模拟实验用的玩具车。

（3）模拟器工作程序设计。

模拟器工作程序设计原理图如图3-2-12所示。

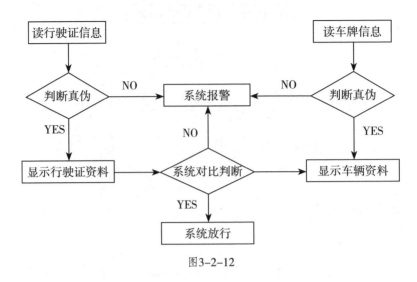

图3-2-12

【实验记录】

我们做出模拟器后，进行了如下的刷卡通行实验，调试设备如图3-2-13所示，分析界面如图3-2-14所示。

图3-2-13

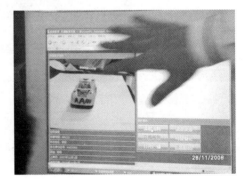

图3-2-14

（1）真证真车且车证相同时，读卡器能够读出智能行驶证IC卡资料的同时，系统显示收费站摄录系统拍摄到的车辆资料，系统核对无误后可放行。真证真车且车证相同时系统的界面截图，如图3-2-15所示。

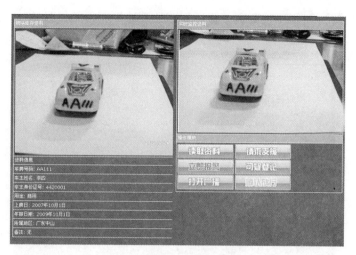

图3-2-15

（2）真证真车，但车和证不相同时，即驾驶员出示的是A车的真实智能行驶证，但开的是B车，B车可能是真车，也可能是被盗、被抢的车，读卡器可以读出智能行驶证IC卡的（A车）资料，系统同时显示收费站摄录系统拍摄到的车辆（B车）资料，系统核对发现有不同后，自动报警，扣留问题车辆。真证真车，但车证不相同时的界面如图3-2-16所示。

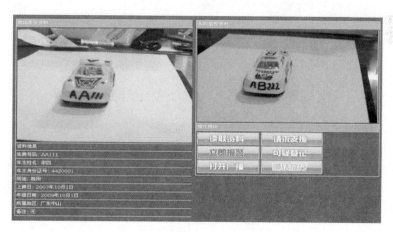

图3-2-16

（3）假证假车（即套牌车或假牌车）时，读卡器不能读出假智能行驶证

IC卡的资料，系统虽然同时显示收费站摄录系统拍摄到的车辆资料，但显示异常，自动报警，扣留违法车辆。假证假车的系统界面截图如图3-2-17所示。

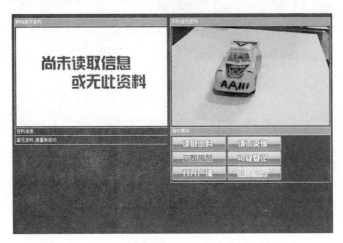

图3-2-17

（4）报废改装车经过时，读卡器可以读出过期行驶证的资料，系统同时显示收费站摄录系统拍摄到的车辆资料，经系统核对发现异常，自动报警，扣留问题车辆。车辆资料读取截图，如图3-2-18所示。

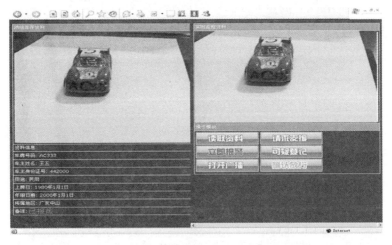

图3-2-18

【阶段性目标】

（一）初级目标

实现人工操作刷卡，系统自动验证，人工收费。

（二）中期目标

实现自动刷卡，系统自动验证，人工收费。

（三）终极目标

实现自动刷卡，系统自动验证，自动收费。

【作品的创新点】

我们这套系统的创新亮点主要体现在以下两个方面：

一是网络技术创新。智能IC卡数字防伪技术成熟，网络系统的数字化智能化体现了未来科技发展的趋势，系统安全可靠，具有先进性和可行性。

二是通行方式创新。车辆刷卡通行，便捷高效，可完全杜绝套牌、被盗抢或报废改装等非法车辆通行，即使车辆被套牌、被盗或被抢，也无法上路过站或逃离，不仅减少了车主的经济损失，方便了国家对机动车的管理，而且维护了社会的和谐稳定，规范机动车管理，减轻交通管理难度，具有重大的经济效益和深远的社会影响力。

一卡在手，安全行走。无卡假卡，逃遁无门。

【感悟与体会】

我们课题组在老师的带领下，分工合作，经过几个月的努力，开展调查，走向社会，开拓了知识面，运用所学知识，努力学习网页制作知识方法，最终完成了演示模拟器的制作工作，不但培养了我们不怕困难的科学精神，还培养了我们精诚团结、密切合作的良好品质。

参加课题开阔了我们的视野，丰富了我们的课外知识，更重要的是锻炼了我们的胆识，提高了我们解决实际问题的能力，使我们的综合素质有了很大的提高。

【教师点评】

董文楠课题组的同学历经几个月的努力，根据自己的创意，自行设计并最终完成了演示模型的制作，充分体现了他们的聪明才智和不怕困难的科学精神以及他们精诚团结、密切合作的良好品质。他们的作品具有很高的科学性、创新性和实用性。其课题得到了有关部门的高度评价，并提出宝贵的技术性建议，表示会向上级部门推荐这个科研课题，希望国家对其能实际开发应用，这足以显示其意义重大。

【鸣谢】

我们课题组得到万录品等几位指导老师的悉心指点，同时也得到校内外有关单位的大力支持，在此，我们一并表示最诚挚的谢意！

鸣谢单位：中山市公安局、中山市公安交警支队科技管理科、中山市港口高速公路进出口、中山市中山港大桥公路收费站、中山誉诚电脑公司。

参考文献：

［1］郭元祥.综合实践活动研究与培训资源库［M］.天津：天津教育出版社，2007.

［2］吕凤翥，张静波.C语言程序设计：习题解答与上机指导［M］.北京：清华大学出版社，2006.

（本文作者：董文楠、聂恒杰、郑莉；指导老师：万录品；2010年获广东省青少年科技创新大赛省一等奖，全国发明比赛金奖）

案例2　自爆窗式公交车快速逃生系统

【课题产生】

公交车是我们生活中的主要交通工具，随着经济的发展，各种舒适的空调大巴早已取代老式班车，封闭空间给乘客带来了舒适干净的出行体验，也带来了严重的火灾威胁。我们在阅读报纸和电视新闻的时候，经常看到一些关于公交车火灾事故的报道，如成都公交车火灾事件，更是震惊了全世界，询问同学和亲戚朋友，他们都很担心坐公交车遭遇恐怖的火灾。于是，我们上网输入关键词"公交车火灾"进行搜索，竟然得到425230条新闻信息，点击浏览相关新闻，我们被强烈震撼到了，例如，以下报道：

报道一：2009年6月5日8时许，某地北三环附近一辆9路公交汽车突发燃烧，事故造成多名乘客伤亡。

报道二：2008年5月6日电：5月5日上午，某地发生一起公交车起火燃烧事故，截至目前，该火灾造成多名乘客伤亡。火灾原因正在调查中。

报道三：2009年6月13日15时29分：今日上午9点半左右，一辆大巴行至交叉口红绿灯处冒烟起火，司机、售票员紧急打开车门，20名左右乘客被安全疏散无人员伤亡，虽然两辆消防车到场灭火，但大巴车仍被烧成"骨架"。

报道四：2009年9月3日15时10分左右，某地一辆行进中的公交车发生燃烧。车辆起火时车上载有20余名乘客，部分乘客受伤已送往医院救治。

可见，公交车火灾比较普遍，如今恐怖分子也有可能纵火破坏，乘客的安全受到极大威胁，如何在火灾发生时保证安全、快速逃生？我们几个同学决定成立公交车火灾逃生课题组，希望经过考察研究，能够找出解决车辆突发火灾时快速逃生的新办法。

【探究过程】

（一）调查现行空调大巴结构，发现有明显安全隐患

我们课题组到市公交总公司，了解中山市空调公交车的数量和结构。空调车有良好的气密性，所以很多空调大巴多都有一个或两个门，玻璃窗户页大多固定，不可开启，一旦发生火灾，乘客十分危险。为保证乘客能够紧急逃生，空调车窗边都配备若干个安全锤。但多起公交车火灾事故证明，安全锤其实并不安全。因为安全锤容易被不良人员偷走，或被取下乱丢。在紧急情况下，经常取不下安全锤或找不到安全锤。

（二）调查现有的逃生技术，发现功能有局限

课题组发现，公交车火灾案发生后，全国掀起了公交车安全大讨论，各地公交公司也开始逃生技术的改造。我们课题组通过网络搜索，发现公交车防火改进技术方案有两类：一类是主动灭火救生型，即车内安装探测火源的传感系统和自动灭火系统，技术含量高，价值昂贵，实际效果有待检验。另一类是被动逃生型，主要是对逃生门窗的改装技术，即推拉式、提拉式、外推式。

为此，我们带着问题走访了中山市公交总公司，了解营运空调大巴的安全改进情况，得知我市空调大巴车都进行了相关的逃生技术改造。只是现有的技术都存在安全漏洞，我们决定研发更优化、更先进的技术。

（三）提出快速逃生系统原理

1. 制作创意灵感

我们课题组通过检索资料发现，俄罗斯卡50武装直升机的飞行员弹射逃生系统非常独特，其独特性表现为螺旋桨设有紧急状态的爆炸装置，在飞行员弹射之前，启动自爆装置，瞬间炸掉直升机的螺旋桨，从而保证飞行员可以安全弹射跳伞。

我们课题组到全国最大的钢化玻璃生产企业——中山市格兰特玻璃有限公司参观调查，了解到钢化玻璃的独特性能，其硬度和抗压性能都是普通玻璃的5倍，钢化玻璃耐热冲击，最大安全工作温度为288℃，能承受204℃的温差变化。但钢化玻璃边缘部分的抗敲击或震动性能薄弱，只要超过20牛顿的瞬间冲击力就可以使其破裂，而且只要一处破裂就会整体瞬间破碎。鉴于钢化玻璃的

独特性能，参考卡50直升机自爆螺旋桨的方法原理，我们课题组决定设计制作一种新型的公交车自爆窗式快速逃生系统。为此，我们还特意咨询了中山格兰特玻璃有限公司主管，如图3-2-19所示。

图3-2-19

2. 快速逃生系统工作原理

（1）快速逃生系统的主要结构：控制电路和玻璃爆破装置，如图3-2-20所示。控制器装在驾驶台，起爆器装在车窗铁柱里，与玻璃边缘接触。

（2）快速逃生系统的工作模式：车辆安全时，拨出安全栓，爆破控制电路处于断开状态，系统处于休息状态。当车辆发生紧急情况时，驾驶员插上安全栓，当确认发生车内火灾时，启动控制电路，引爆玻璃爆破装置，车窗玻璃瞬间炸碎，从而保证乘客在最短的时间内无障碍迅速逃离。

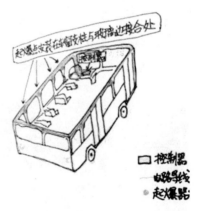

图3-2-20

（四）制作模拟器及实验测试

1. 快速逃生系统的控制电路设计

（1）控制电路示意图如图3-2-21所示。

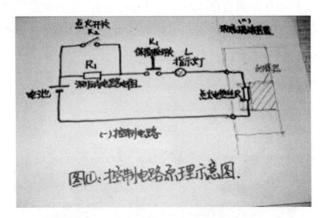

图3-2-21

（2）控制电路功能说明。设有保险栓，具有防误操作功能，即只要拨出保险栓，即使按下电钮，系统也不工作，必须插上保险栓，电路才有电流输出。

2. 快速逃生系统的爆破装置设计

爆破装置要瞬间释放高能射流，使钢化玻璃瞬间破裂，但又不会发生爆炸伤到乘客，我们课题组发现固体燃料火箭模型的发动机喷出的火焰温度可达数千摄氏度，能量高速度快，可以作为替代模拟器。我们一起制作模拟器如图3-2-22所示，实验前的准备如图3-2-23所示。

图3-2-22

图3-2-23

3. 实验记录

（1）普通玻璃的爆破试验。

公交车窗钢化玻璃厚度差不多为5毫米，我们准备了一块5毫米厚的普通玻璃，将玻璃固定安装到实验台上，爆破装置紧贴玻璃，接通控制电路后，插上安全栓，电路指示灯亮，表明电路已接通，然后果断按下点火按钮，只见爆破装置突发高速火焰，紧挨着的玻璃瞬间破裂，碎片分布在破裂点下方50厘米的范围内，随后重复3次试验都非常成功。启动装置，高能射流冲击玻璃如图3-2-24所示，实验结束后，满地碎玻璃如图3-2-25所示。

图3-2-24　　　　　　　　　　　　　　图3-2-25

（2）钢化玻璃的实战试验。

我们课题组带着模拟实验装置前往中山市公交总公司的车辆维修厂，工作人员帮我们准备了一块浅蓝色钢化玻璃，我们将模拟装置安装好，接通电路启动爆破装置，直见火光一闪，钢化玻璃被烈焰烧灼，但钢化玻璃未见碎裂。我们观察烧灼情况，感觉烧灼部位的温度很高，轻刮烧灼点，表面可见一些明显的裂纹，轻轻一刮烧灼部位，整块玻璃"砰"一声碎成雪花般的细粒，玻璃碎粒没有任何飞溅，都集中落在50厘米区域内，实际试验再次成功。汽车窗钢化玻璃试验如图3-2-26所示，钢化玻璃试验后的碎片如图3-2-27所示。

图3-2-26　　　　　　　　　　　　　　　　图3-2-27

【结论及建议】

反复实验证明系统不仅是安全的，而且是可靠有效的。试验表明钢化玻璃的耐热性确实比普通玻璃强，高温射流可以破坏钢化玻璃的表明结构，如果加大火药的剂量，提高高能射流的能量，延长高温烧灼的时间，估计5～7毫米厚的钢化玻璃也可以被烧爆；如果烧灼后又产生爆破震荡冲击力，估计爆破效果可能更好。爆破装置可装在公交车车窗的钢梁上，紧贴钢化玻璃边缘，这样定向爆破的能量会朝车外释放，靠座位上方密闭，确保高温高能射流物质不伤到车内乘客。模拟试验证明技术是完全可行的。

【阶段性目标】

（一）初级目标

寻找合作厂家，进行实际实验，开发实际产品。

（二）中期目标

实现人工判断车上火情并由司机进行操作。

（三）终极目标

安装火情监测智能系统，系统自动控制，一旦发现车内火灾，系统立刻启动破窗装置，帮助乘客逃生。

【作品的创新点】

我们这套系统的创新亮点主要体现在以下四个方面。

（一）破窗方法创新

本装置产生瞬间的高能射流物质可瞬间破坏钢化玻璃的结构，从而实现快速、有效、安全的破窗效果，具有创新性、先进性和可行性。

（二）公交车紧急状态的控制方法创新

本装置的控制电路设有保险栓和独立的工作电源，保险栓可防止人为的误操作，独立电源可保证在任何紧急状态下，系统都能正常工作。

（三）反恐技术的创新

恐怖袭击是当前危害公共安全的首要威胁，如果在公交车、火车、地铁等公共交通车辆上安装此系统，可有效降低危险，最大限度地保护公众的生命财产安全，增强公众乘车的安全感。

（四）经济实用

添加这套装置无须改动车辆结构，不影响原车的任何功能，而且成本较低，性价比高，不仅可以减少人民群众的损失，还可以保护乘客的安全，维护社会的和谐稳定，具有重大的经济效益和深远的社会影响力。

【感悟与体会】

我们课题组在老师的带领下，分工合作，经过几个月的努力，开展调查和理论论证，我们走向社会，联系工业化公司，开拓了知识面。在老师的指导下，运用所学知识，努力学习实验的技术和方法，并最终完成了演示模拟器的制作工作，我们的模拟试验非常成功，但因为条件有限，我们不能做出实际的产品，所以无法开展相关测试。但通过这次实实在在的探究学习活动，不但培养我们不怕困难的科学探究精神，还培养了我们精诚团结、密切合作的良好品质。

参加课题开阔了我们的视野，丰富了我们的课外知识，更重要的是锻炼了我们的胆识，提高了我们解决实际问题的能力，使我们的综合素质有了很大提高。

【教师点评】

王宇恒等同学经过几个月的努力，根据自己的创意，自行设计，并最终完成了试验模型的制作工作，前后三次前往中山市公交总公司进行验证实验，充分体现了他们实事求是、不怕困难的科学探究精神以及他们精诚团结、密切合作的良好品质。

因此，他们的作品具有很高的科学性、创新性和实用性。他们的课题关注公共安全，不但进行了理论论证，更为可贵的是进行了一系列探究实验，模拟实验基本成功，而且也得到市公交公司有关领导和技术人员的高度评价，并提出宝贵的技术性建议。希望同学们能够尽快开发实际产品并争取申报专利，我们也希望国家能应用这项新技术。

【鸣谢】

我们课题组得到万录品等指导老师的悉心指点，同时也得到校内外有关单位的大力支持，在此我们一并表示最诚挚的谢意！

鸣谢单位：中山市公交公司车辆维修厂、中山市技术监督局条码标准所、中山市格兰特玻璃有限公司、中山市公安局。

参考文献：

［1］郭元祥.综合实践活动研究与培训资源库［M］.天津：天津教育出版社，2007.

［2］聂金昌.科技创新你能行［M］.北京：中央民族大学出版社，2006.

（本文作者：何伟雄、王宇恒、李家旗；指导老师：万录品；2010年获中山市青少年科技创新大赛市一等奖）

案例3 可调节型双模式伸缩提物器

【课题产生】

我访问了一家专卖提物器的铺面，发现现在市面上的提物器基本上都是以下这几种类型，如图3-2-28所示。

图3-2-28

它们收缩折叠时所占空间大，无法适用于各种场合。而且，盛放的物体大小有限，无法灵活变通。再者，十分笨重、呆板。一般我们使用提物器的概率并不大，如此占据空间的提物器显然不太符合我们普通老百姓的日常需求。

【探究过程】

（一）设计

最初的设计方案是只有一种模式，仅仅可以伸缩，过于单一。最后，通过和老师的交流，我改进了第二种模式。第二种模式是在第一种模式的基础上转变而来的，并且能提更大的物体，如图3-2-29所示。

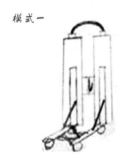

模式一

模式二

图3-2-29

　　第一种模式只需旋转90°即可变为第二种模式，通过打圈部分的转换装置完成。第一种模式的支撑架上有4个带小孔的支撑板。由于它具有不确定性，所以可以根据需要把两个支撑板相并，插上螺丝进行调节。暂列举三种调节模式：上面弯曲、下面弯曲如图3-2-30所示，上面弯曲、下面笔直如图3-2-31所示，上面笔直，下面也笔直如图3-2-32所示。

图3-2-30

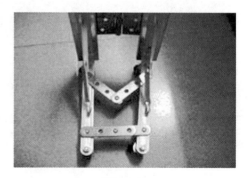

图3-2-31

图3-2-32

　　注：还有孔数，也可根据需要选择。

由于此提物器有两种选择，因此折叠的方式也有两种：图3-2-33是第一种模式的折叠效果，图3-2-34是第二种模式的折叠效果。

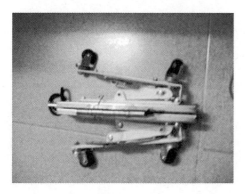
图3-2-33

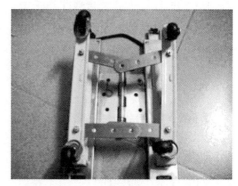
图3-2-34

总之，这样便利的设计可令使用者根据实际情况选择最恰当的使用方式。

（二）实际制作

所需工具：绳子1条、2个伸缩架、2个支撑架、4个带孔支撑板、4个轮子、2个钩子、1个转换器、螺丝和螺丝帽若干、黑色橡皮小圈若干、1把螺丝刀、1个打孔器。（转换器上面有钩子，可挂物）

（1）在点焊工人的帮助下安装好前面提及的转换器。这个转换器是一个可以自由旋转的铁片，能把第一种模式转换为第二种模式，如图3-2-35所示。

图3-2-35

（2）安装好4个轮子和4个带孔支撑板，作为支撑架，安装带孔支撑架时，螺丝不能拧得太紧，否则难于转动。

（3）再把支撑架安装到伸缩架上。

（4）在伸缩架上系好绳子，把两个钩子穿在转换器上，组装完成，如图3-2-36所示。

图3-2-36

【结论及建议】

调节型双模式伸缩提物器不仅适用于人们的日常生活，而且适用于我们中学生。它不仅使用方便，而且灵活性强、所占空间小，可以摆放在宿舍，全然不必担心受到空间的限制，可随身携带，想用就用。

由于时间比较仓促，在选材方面选用了较重的铁制器具，增加了整体重量。若是以后能改进材料，运用一些轻盈且坚固的材料，如铝合金，就能做到真正的轻便了，使用价值就更高了！

通过这次活动，我觉得生产商家可以适当运用一些可以转折的材料，或是加强科技含量，进而研制出真正适用于人们日常生活的提物器。

【感悟与体会】

这次活动让我十分难忘，这不仅提高了我的动手能力，还提高了我对科学技术的认识——谁都可以搞发明创造，要善于抓住身边的小事。我的可调节型双模式伸缩提物器还有需要改进的地方，我会继续努力，使其更加完善。

【教师点评】

杜苑琪课题组发明创新意识强，能够发现生活中现有提物器的不方便，想出改进优化的思路，设计出更方便、灵活、多用途的提物器方案，经过实际制作和性能验证，达到设计目的，这是非常成功的发明创造项目，目前杜苑琪同学的发明正在申请国家实用新型发明专利，且已获得专利初审通知，很快就会获得专利证书。

【鸣谢】

本装置在制作期间得到父母及亲朋的大力帮助和支持，还得到五金店铺焊接师傅的帮助，论文写作得到几位指导老师的悉心指点，在此一并表示衷心的感谢。

附：

1. 外出活动过程

学生寻找材料如图3-2-37所示。

（1）

（2）

图3-2-37

2. 制作过程

学生制作伸缩提物器的过程，如图3-2-38所示。

图3-2-38

3. 实物图片

伸缩提物器成果展示图如图3-2-39所示。

图3-2-39

（本文作者：杜苑琪；指导老师：万录品；2010年获第109届巴黎国际发明展银奖）

案例4 环保路灯远程自动报障管理系统

【课题产生】

由于我的老家在镇区，和父母一道回老家看望爷爷、奶奶后，再回到市区，很多时候天都黑了，经过城乡间的公路时，发现有些路灯已经坏了，但往往几个月都没人修，行人经过时看不清路，车经过时也非常不方便，造成潜在的安全隐患。我在想为什么没有人去修呢？后来经多方了解得知，由于每天巡查路灯状况的人力成本太高，路灯养护单位多数情况等有人报障后才会去修，而这种报障周期往往很长，这样就直接导致坏了的路灯得不到及时维修，给晚上的行人造成不便。于是我想到能否制作一个远程路灯监探系统，让路灯主动向远在办公室的维护工作人员报告故障问题，这样路灯一出现故障，维护工作人员就可以立即获悉并去维修，提高维护效率，如图3-2-40所示。

图3-2-40

另外，以风能和太阳能等新能源的环保路灯正逐渐取代传统路灯，特别是风能和太阳能相结合的风光互补无线路灯已经在全国不少城乡推广使用，这种新型环保路灯虽然可以自给电能，但自带UPS电源造价昂贵，再加上如果风能或光能充电装置因天气或故障原因而充电不足时，靠工作人员目视巡查一般很难及时发现。因此，我想发明一种"风光环保路灯"的远程智能管理系统，能够实时远程监控探测"风光环保路灯"的工作状态，保证新型"风光环保路灯"的正常工作。为促进环保"低碳"事业尽自己的微薄之力，如图3-2-41所示。

图3-2-41

【探究过程】

（一）查阅环保路灯资料

我查阅了环保路灯的相关资料，发现目前环保路灯的模式有三种：一是太阳能路灯，二是风能路灯，三是风能和太阳能互补结合的"风光环保"路灯，因风光互补环保路灯的优越性十分明显，所以它被广泛应用，如10米高路灯配置：灯笼型垂直轴风力发电机——300W，太阳能电池板——75W，灯杆高度——10米，灯泡功率——75W，陶瓷金卤灯或80W无极灯，蓄电池——100Ah免维护，亮灯时间——10h/d。蓄电池采用胶体蓄电池，安装在路灯灯杆中间，既可作为蓄电池箱也可用作广告灯箱。胶体蓄电池寿命较长，工作稳定性较高。控制系统：风光互补控制器或风力发电控制器对于蓄电池的充放电控制非常关键，必须将其控制在较平稳的变化范围内。控制器的好坏对于蓄电池以及光源的寿命起到了至关重要的作用。常用蓄电池的寿命一般在2～3年，采用高稳定性控制器，其寿命可达到5～8年。

在政府大力提倡节能减排的今天，新能源的发展也被注入了巨大动力，各级政府以及企业为了完成减排指标，花费大量资金和人力投入新能源的研发与利用中。然而，据采用了新能源路灯的单位反映，新能源路灯的故障率高、噪声大、灯光亮度低、人为损坏严重、维修不及时等，这些问题涉及技术、设计、安装等多个环节，有些地方甚至说以后再也不敢用新能源路灯了，可见如何检测和监控环保路灯的工作状态很重要，设计制作环保路灯远程自动报障管理系统很有必要，如此才能实现降低环保路灯维护成本，提高环保路灯的使用效率。

（二）系统的原理设计

1. 总体结构

总体结构设想如图3-2-42所示。

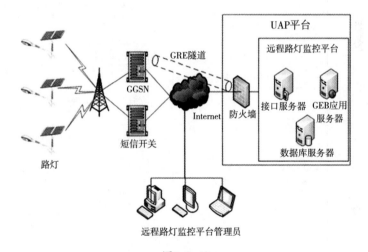

图3-2-42

（1）路灯及其内置数据采集配置模块：数据采集配置模块实时采集路灯的工作参数，并经编码后通过无线传输方式（GPRS和短信）实现向自动报障管理系统远程端监控平台进行路灯运行参数数据的主动上报。同时接收远程监控平台发来的参数配置信息并响应处理。

（2）无线基站及信息传输隧道：将路灯内采集模块采集的信息接力传递至远程端的监控平台，以供收集、存储、分析等。

（3）远程路灯监控平台：对路灯采集模块上报的运行参数数据进行汇总、分析，实时发现故障并通知相关人员，保证在最短时间内能对故障进行处理。

另外，通过对路灯运行数据的挖掘和分析，管理员可随时为路灯配置整体运行参数，并将综合指令发送给路灯端的数据采集配置模块。

2. 系统希望实现的功能

远程路灯自动保障管理系统如图3-2-43所示。

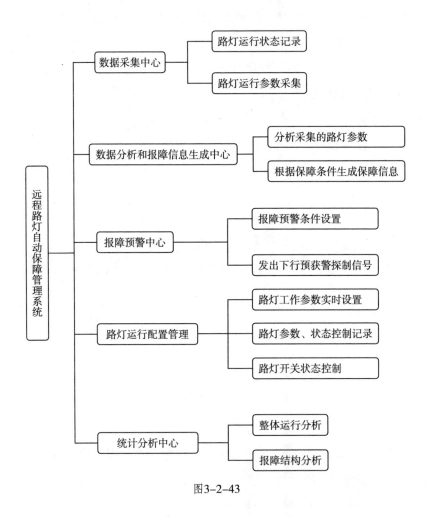

图3-2-43

（三）制作模拟器

1. 准备材料

手提电脑、蓝牙接收器、信号发射电路、风力发电模型、太阳能发电模型、LED路灯模型、电线、万能电路板、电烙铁、万用表、示波器，如图3-2-44所示。

图3-2-44

2. 设计电路图

模拟器设计电路图如图3-2-45所示。

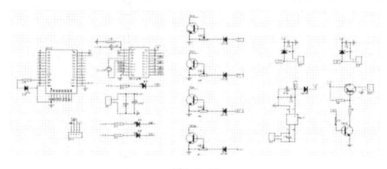

图3-2-45

3. 制作及测试

（1）将购买的风力发电模型、太阳能发电模型和LED路灯模型组合成一台风光互补环保路灯模型，如图3-2-46所示。

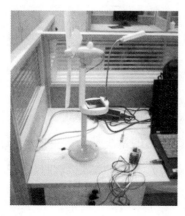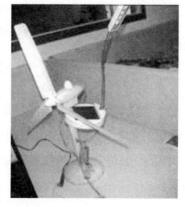

图3-2-46

（2）按照电路图制作信号发射电路，模拟器信号传输方式采用蓝牙传输模式，焊接蓝牙传输电路，实际操作过程如图3-2-47所示。

图3-2-47

（3）模拟器工作原理。手提电脑模拟工作原理如图3-2-48所示，无限模拟器如图3-2-49所示。

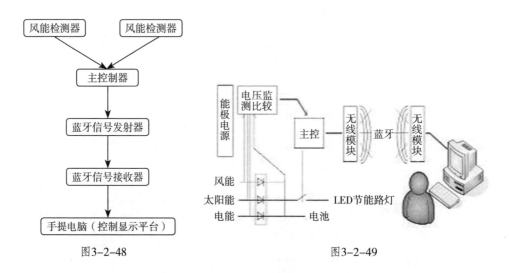

图3-2-48　　　　　　　　　　　　　　　图3-2-49

（4）性能测试。模拟器信号传输方式采用蓝牙传输模式，将采集到的风能信号和光能信号传输给手提电脑，由手提电脑的系统分析并宣示状态信息。第一次测试如图3-2-50所示，第二次测试如图3-2-51所示，教师和学生一起测试讨论如图3-2-52所示。

图3-2-50

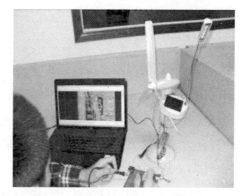
图3-2-51

图3-2-52

（5）测试效果。模拟器安装调试后，我们进行了如下模拟实验，风能工作正常，太阳能不正常时的电脑界面截图如图3-2-53所示，风能、太阳能都正常时的电脑界面截图如图3-2-54所示。

图3-2-53   图3-2-54

【作品的创新点】

经过测试模拟器，可以模拟显示路灯的风机的运转状态，还能随时显示太阳能电池板的工作状态，实现自动监控的功能，基本达到设计效果，模拟性能测试实验表明本设计方案是完全可行的，有实际应用前景，希望有公司能够合作开发实际应用的产品。本发明的创新之处如下。

（一）模式创新，时效性高

系统实时监控路灯的状态，可以第一时间发现路灯故障，使路灯得到及时维护。

（二）节约环保路灯维护成本

环保路灯造价昂贵，人工巡查管理维护成本高，采用智能监控系统可以节约成本。

（三）采用无线传输方式，促进信息化建设

借助移动短信收发功能，充分利用移动信息资源，对移动公司信息化工作有很大的支持。

（四）本发明的扩展应用

本系统还可以远程控制路灯开和关，利用在环保灯上只是其应用的一个实例，还可以进行更广泛的应用。例如，本远程自动报障管理平台的原理还可用于未来智能化家电的远程管理，提高现代化生活水平。同样，对于危险地带（如核设施、大型危险动物保护区内）的设备管理也同样适用，以免人受到场地内物质或动物的伤害。其应用前景很是广阔。

【感悟与体会】

通过这项研发活动，我亲身经历了产品开发的过程，要将设想转换成产品，需要做很多设计之外的工作，如果只有我个人可能很难完成这个项目，在本系统的研制过程中，我和几位指导老师一起讨论设计方案，万老师还多次陪我选购模拟装置的配件，指导我组装模拟装置。

【教师点评】

陈博菲课题组采取组合法自行设计和制作风光互补的环保路灯自动保障管理系统，历经几个月的努力，对产品不断优化改进，最终完成了模拟器的制作和性能试验工作，充分体现了他不怕困难的科学精神，他关注新能源问题，对当今新型环保路灯的维护工作很有想法，其作品具有很高的科学性、创新性和实用性。课题得到中山市环保部门有关领导的高度评价，并得到中国移动中山分公司的技术支持。当然，在制作产品的过程中，可能还需要解决一些实际问题，希望今后他能进一步完善和提高自己的作品。目前已有公司对本发明系统很感兴趣，准备开发实际产品并推广应用。

【鸣谢】

非常感谢老师的悉心指导，另外，本系统模拟器所需的检测设备得到了中国移动通信中山分公司的工程技术部门的大力支持，还有东区信灵网络科技发展有限公司技术人员和中山市东区亨尾大街软件园人员对本课题应用程序运行的帮助很大，在这里向他们一并表示衷心的感谢！

（本文作者：陈博菲；指导老师：万录品；2011年获全国青少年科技创新大赛二等奖）